烦恼的青春期

卢静云 著

四川文艺出版社

图书在版编目（CIP）数据

烦恼的青春期 / 卢静云著 . — 成都 : 四川文艺出
版社 , 2024 . 1
　　ISBN 978-7-5411-6839-0

　　Ⅰ.①烦… Ⅱ.①卢… Ⅲ.①青春期－家庭教育
Ⅳ.① G782

中国国家版本馆 CIP 数据核字（2023）第 229330 号

烦恼的青春期
FANNAO DE QINGCHUNQI

卢静云　著

出 品 人	谭清洁	合作出品	三得文化
出版统筹	许　许	策划编辑	孙晓萍
责任编辑	李小敏	封面设计	张景春
内文设计	白　马	责任校对	段　敏
责任印制	董志强	排　　版	白　马

出版发行　四川文艺出版社（成都市锦江区三色路 238 号）
网　　址　www.scwys.com
电　　话　137 0127 5261

印　　刷　运河（唐山）印务有限公司

成品尺寸	145mm×210mm	开　本	32 开
印　张	6.75	字　数	180 千字

版　　次　2024 年 1 月第 1 版
印　　次　2024 年 1 月第 1 次印刷
书　　号　ISBN 978-7-5411-6839-0
定　　价　48.00 元

注：如有印、装质量问题，请与出版社联系。

前　言

　　作为有着十几年班主任经验的中学一线教师，我的每一天都是跟一群青春期孩子一起度过的。我认真地阅读这一个个关于青春的故事，或欢喜，或悲伤，五彩斑斓，却也让人热泪盈眶。彼时阳光恰好，只因他们正当少年。

　　在人生的长河中，青春期是一个非常特别的阶段。这时候，由于受到性激素的影响，孩子们的身体形态和生理机能会发生急速的改变，开始向成熟个体转换。他们在悄悄地变换着角色，并渴望得到身份认同。

　　在心理上，他们会用力量去捍卫自己独特的个性化状态，从而确立自己的需求、情感、信仰和价值观。然而，青春期的孩子的认知水平和生活能力还不足以让他们脱离父母和老师而独立，于是强烈的心理冲突在他们的心里愈演愈烈。

在成年人的眼中，他们因反抗而叛逆，敏感、脾气暴躁、焦虑、抑郁，并且不可理喻，他们还会厌学、早恋、抽烟、离家出走、追星、说谎、攀比……种种的行为模式背后，都隐藏着孩子们无法与他人言的声音，这些内心的独白有时候甚至连孩子自己都觉察不了。

在这些年的教学生涯里，我深切地感受到，其实每个青春期孩子的生命底层，都有一颗暗含巨大能量的种子，就如同自然界所有的种子一样，只要给予足够的营养，它就可以生根发芽，并开出最美的花朵。这不仅仅是父母和教师的功课，也是孩子自己的功课。

事实上，只有调动起孩子自身的主动性，提升他们的自我价值感，让他们主动去发现问题，积极解决问题，才能真正满足他们内在的渴望，而那一颗充满生命力的种子也才能得以健康成长。

基于这个原因，我写了本书，希望通过与孩子的直接对话，让他们能真切地听见自己潜意识的声音，回归到最根本的自我，来帮助自己成长。

本书以真实的青春期孩子为原型，运用了 3W 的黄金思维分析来呈现 26 个典型案例。"what"的部分主要以故事的形式，立体地阐述问题行为的不同表现。"why"的部分主要分析孩子的潜在逻辑，找到问题出现的深层因素。"how"的部分则会给到孩子三到四个解决问题的小建议，以帮助孩子顺利完成青春期这一人生阶段的蜕变。

　　同时，我也希望阅读到本书的青少年能看到，尽管对抗自己充满痛苦，但其实你并不另类，也不孤独。有无数的青春期孩子都走在同一条道路上，并且通过努力，让自己走向真正成熟的生命状态。我相信，这将赋予你无穷的力量。

　　加油吧，我们的少年！

目 录

Part 1

青春期的学习必修课

1 解码厌学心态
——我真的很讨厌上学

what

"我可不可以不上学？"盈盈终于喊了出来。

盈盈从小就很乖巧，有礼貌、懂事、听话、勤奋，不玩游戏，不看电视，学习成绩好……

在小学，盈盈的成绩非常好，一直稳居班里前三。回到家里，盈盈也一直是爸爸妈妈的小棉袄。爸爸性格比较急躁，总跟妈妈吵。父母每次吵架，她都会想办法去调和父母的关系，想办法安慰妈妈。

可是，上初中后，盈盈的成绩就越来越差了。她也努力过，每天晚上刷题到很晚，周末也会主动去上各种补习班，可是这一切并未能让自己成绩不再下滑。

在盈盈的眼里，她所感受到的压力是妈妈无法理解的。她真的不想上学！一想到明天天亮自己就要回到学校；一想到无数试卷上羞于见人的分数；一想到同学对自己这个差生异样的眼光；一想到父母眼里透露出的失望，盈盈就不可抑制地浑身发抖。

她开始流泪和失眠，而早上却还是如往常一样背着书包去上学，她并不想让妈妈担心。可是越来越重的学习压力让她无所适从。她该怎么办？

why

首先你要明白，厌学情绪并非只是你有，很多青春期的孩子都会出现厌学情绪。厌学的原因有很多种，每一种原因里都有一个"背锅侠"，可能是不喜欢的老师，可能是啰唆的父母，又可能是让人上瘾的手机，等等。总之，他们就是不想再回到学业里，并对所有的外在压力感到崩溃。

而你的"背锅侠"又是什么呢？你内心真正的感受又是什么？

青春期的孩子都需要一个情绪的出口，懂事的你总会把别人，尤其是父母的期望和称赞转化为自己的潜意识，进而达到表面的满足。但你知道,这样的你,只是在别人的模式里生活着吗?导致的结果就是忽视了内在的自己,缺乏那种发自内心的真实的自主创造力,而这正是青春期的你不能继续学业的一个重要因素。

有些懂事的孩子可以很好地把内外两方面的需求结合起来,可是,盈盈显然做不到,她只是让心理问题层层淤积,正如她所说的,不想让妈妈担心。她努力维持让父母满意的表面,可她的潜意识是诚实的,它知道自己的主人在经历着什么,逐渐把各种问题呈现出来,以此作为抗争,例如抑郁、厌学,等等。

进入青春期的你开始意识到问题出现但自己无法承受的事实,陷于不想让妈妈失望但成绩每况愈下的状态中,这两个牵扯着你的矛盾所造成的心理负担是巨大的。面对挫折和压力,有些青春期的孩子常表现得不在乎,一笑而过,而你却选择了表面沉默,继续装扮成乖巧的样子。

这是你的意识在限制着你。你觉得父母的感受是重要的,父母的要求是合理的,而如果自己辜负了父母的期待,那么就出现了一个"不够好"的自己。你把个人价值建立在父母的认可之上,自然无法接纳这样的自己。

所以你进入了一个恶性循环中,因为成绩下滑而无法接纳这样的自己,因无法接纳自己而不想上学,进而导致成绩继续下滑。

此外，你的生活里还存在另一个矛盾，那就是你父母不那么谐和的关系。你是个乖孩子，当家庭关系紧张时，你觉得自己留在家里可以缓解。你看到了父母之间的这一道裂痕，以为自己跳进去就能把裂痕填平。所以你不想离家，不愿上学，只想守着妈妈，懂事得让人心疼。

你还提及"同学对自己这个差生异样的眼光"，可以看出，你太过于在乎身边人的认可，并因此而进行了不恰当的猜测，使自己陷入了一种无望的消极状态。

美国心理学家塞利格曼曾提出"习得性无助"的心理概念。你因为成绩下滑带来的重复"失败"和成就感的缺失而对自己产生不正确的评价。你可能会认为自己智力不行，认为自己不适应课堂的学习，认为自己注定永远失败等，这些认知上的偏差也会导致目标缺失和情绪损耗，所以你表现为自卑、怀疑、恐惧、缺乏意志力，甚至为了拒绝进入竞争而甘愿放弃读书。

how

所有的事情都是一把双刃剑，在既定的现实下，你会有习得性无助，而只要换一个角度去思考问题，同样可以习得积极和快乐。可喜的是，你现在已能看到并感受到阻塞你真实情感流动的障碍是什么，抓住了导致你厌学的真正原因。那么，就让我们一起来清除你意识中的障碍吧！

1. 学会接纳本来的自己

首先，你要学会接纳你本来的样子，那会带来喜悦和绽放，而不再是隐藏和逃避。当你敞开心胸去拥抱那个真实的自己时，你会发现身边的人，包括你最爱的父母，还有老师、同学也会有所改变。其实一切都是你自己的投射，负面的投射让你把那个足够好的自己封闭起来了，这种好并不是讨好，不是你现在表现出的"懂事、乖巧"的一面，而是能够面对自己，释放出内心真实的感受。你应该知道，事实上，同学们不会因为你的学习成绩暂时落后而歧视你，父母更不会因为任何外在的事情而不爱你。你若是心中充满阳光，走出恐惧，就能赋予自己更多的力量，重新获得责任感。

有一个著名的疗愈练习，名为"镜子练习"，练习者需要尝试对着镜子中的自己，说出各种肯定的句子，像你，就可以说"我已经知道了我厌学的原因，我会有力量去改变它""我很爱我的妈妈，我也爱我自己"……刚开始做这个练习时，你可能会觉得自己很无聊，或者很愚蠢，可是在坚持 21 天后，你开始相信自己的话，并在意识和行为上出现一些细微的变化。

这个练习不仅可以让你重拾自信，还可以让你尝试着去释放压抑已久的情感，可能是悲伤或者恐惧。同时，你也学会表达自己真实的感受，并且明白这样表达的美妙之处。

2. 走出去，不要待在书本旁边

以后不会比现在更糟糕了，不是吗？只有后退一步，才能看见更多的可能性，从而改变现状。所以，不必再纠结于自己"厌学"这件事，更不要试图去逃避它。如果你强迫自己去对抗"厌学"，把自己关起来，逼着自己去学习，结果只能是给自己的负面意识注入强化的能量，你将无法看清并且正确地理解这样的状况，更不要说去改变它了。

那么，你就承认"厌学"这个事实吧，不要把自己留在情绪里。你可以允许自己先放下书本，暂时离开学校。

你如果喜欢运动，可以在草地上奋力奔跑，让阳光照在你的身上，你会大汗淋漓，却感到无比畅快。或者你去旅游，跟父母在一起，离开自己熟悉的环境，忘记那些困住你的事情，去享受每一个当下。或许等你回头再看所经历的，会感觉那已经是轻若微尘的事情。

3. 转移注意力，唤醒学习的兴趣

请你不要因为看到试卷上的分数就怀疑自己，这样片面的判断对自己是不公平的。

你需要相信你的学习力，求知欲和创造力是所有人的天性。从出生的那一刻起，你就开始了对这个世界的探索之旅，直至现在，你潜意识里对学习的渴望都没有改变过。所以，你只有坚信自己有能力扭转厌学的现状，才有可能蜕变。然后去改变自己学习的动机，记住，它不应该是外在的，不是父母的期望，不是考试的成绩，不是分数对未来的影响，而应仅仅在于自己的兴趣。

只要一切开始有了起色，你的成就感自然会回来，你也会回到正向的循环中。

如前面所说，你要走出既定的思维困局，先要学会放下。此刻的你不必考虑学校里的那些科目的学习，这于你来说是很难突破的关卡。如果让你选择一项你喜欢的活动，你会选择什么？画画、唱歌还是一门乐器？机器人编程还是棋类游戏？无论怎样，找到你的兴趣所在，并专注于它。

专注于感兴趣的事是非常容易做到的，兴趣所在也就是你的优势潜能所在，它会激发你对学习的渴望，从而可

以进一步将注意力迁移到你的基本学业上。

如果你已经准备好了，那么，在未来的日子你就能很好地适应学校生活，与学习和解了。

2 解码学习动机
——我为什么要读书

what

屋子里传来母女俩的争执声，这样的情形在琪琪家经常会出现。

妈妈大声训斥："你作业写完了吗？还不赶紧，一天到晚都不知道在做什么，就是不好好读书，考不上高中看你怎么办！"

"你就知道让我读书，我为什么要读书，为什么要考高中啊？"琪琪的声音也不小。可是很明显，妈妈并不理解琪琪用尽全力呐喊的原因。

"你怎么就这么不懂事，为什么读书？还不是为了你自己!"

"我看你让我读书不是为了我,而是为了你自己吧?"琪琪满腹的委屈。

这样的争吵从来都得不到结果。对于自己为什么读书这个问题,琪琪并不接受妈妈的理由,但她自己的心里也没有答案。

也正因为这样,琪琪无法自主地学习,每次都是拗不过妈妈,只能随便应付一下,学习成绩如何自然可想而知。

why

其实现在大部分在校学生都会有这样的迷茫:我到底为了什么而读书?父母告诉自己,是为了自己的前途,所以考高中、考大学、找到好工作,是一条必然要走的路。这个目标看起来并无什么不妥,可是对现今青春期的孩子来说,又太虚了,他们看不见这样的未来,也不愿意为了遥远的事情而苦了当下。

另外,现在的社会趋于多元化,包容性很强,每个人都有太多的选择,那么正如琪琪所说,为什么自己非要考高中,考大学呢?我们总会听到孩子们说:"就连研究生毕业,都要去跑外卖,读那么多书根本没用。""我又不想出国,不想去外企,我为什么还要学这么多英语,会几个常用单词不就行了。""那些高深的函数对于我以后的生活有什么意义吗。""大学毕业就相当于失业了，还不如别人家卖水果赚得多。"……读书无用论在青春期孩子的群体中已经非常流行了。

面对孩子们的"辩驳"，很多家长都表现出无力和无奈感，只有通过更加语重心长的说教和更加软硬兼施的举措，才能把孩子"请"到书桌旁。

可结果就是，不安全感和竞争焦虑让孩子在学习中更加迷失方向，从而无法形成清晰的学习目标，更别说通过自我驱动去学习了。更糟糕的是，很多父母用力过度，与孩子的冲突越来越多，亲子关系也越来越紧张，让孩子们以为读书就是为了满足父母的虚荣，而忽略了父母对自己的真切的无条件的爱。

那么，读书真的可以改变命运吗？答案是肯定的，这不仅仅是文凭的作用。通过考试只是实现摘星梦想的一小步，重点不在通过了考试，换言之，读书的收获并不在目的地，而是在通往目的地的路上。

举个例子，有人会告诉你学习数学是为了解题，而解题又为了什么？还会有人告诉你学习数学是为了计算能力，可在科技愈加发达的现代社会，计算能力显然对你没有什么吸引力。是的，你不喜欢数学，数学却已经默默地在你的生活中起着不可或缺的作用。你一生中的逻辑思维、思辨能力和创新力，都离不开数学对你的培养，而认真严谨、精益求精、一丝不苟等品质，也可以在学习数学的过程中体现出来。

学习英语是为了拓展眼界，让自己获得与世界对话的能力；学习语文可以训练阅读和语言表达能力；学习历史可以站在更高的高度看待社会和人生，"原始察终，见盛观衰"，理解整个人类文明，探索生命的意义；学习物理、化学可以明白真实的世界是怎么运作的，并引导着你去发现和创造……

读书最本质的目的不是为了最大程度地分化优劣，而是让你成为一个更有格局的人，"腹有诗书气自华"，你的自控力、专注力、自信心、抗挫力、责任感、情绪管理、人际交往等品质，都可以通过读书慢慢塑造起来。

人立于世，这不就是最大的成功吗？

how

1. 心存梦想，才能一路向前

历史上为了理想而顽强拼搏的励志故事可谓比比皆是。周恩来总理从小立下"为中华之崛起而读书"的远大志向，后来功勋卓著，成为对中国影响最大的优秀领导人之一；盲聋女作家海伦·凯勒用笔征服了世界，写下诸如《假如给我三天光明》等一系列影响巨大的著作，并且一生致力慈善，获得了总统自由勋章等荣誉……

这些都不是纸上谈兵的故事，很多伟人以他们的人生经历告诉我们，只要心存梦想，就能拥有一路向前的力量。

有些孩子喜欢演讲，有些喜欢航模，有些喜欢画画……你要找到你的天赋所在，那是你坚持读书的原动力。如果你还没有发现，可以多方尝试，保持好奇心，只要仔细观察，你一定能找到的。

如果你能在你的理想上面加一个利他的动机，那么成功的概率就更大了。我认识一个孩子，他从小喜欢玩积木，摆弄各种房子模型。他说自己就是想当一个建房子的工人。实际上他的梦想是希望给很多很多人一个温暖、舒心的家，给他们真真切切的归属感。后来他成为一位很有名的建筑设计师。

这让我想起"世界杂交水稻之父"袁隆平，为了让所有人远离饥饿，他奉献出自己的一生。

这样利他的理想，就像是茫茫大海中的一道指引之光，会让你的心更坚定。

2. 放下物质优越感，把眼光放远

物质丰盛自然不是孩子眼光狭隘、贪于安逸的原因，但是不能否认，很多人在物质上拥有越多，在思想上就越匮乏。他们的内心是空洞的，也无法真正享受自己所得到的东西。

所以你需要把眼光放得更远，而不是只盯着摆在你面前的这些安乐不放。

以前有一个学生，不怎么喜欢读书，在手机游戏里日复一日地虚度着自己的青春。后来他的父亲帮他休了一年的学，让他去大山里，跟那里的孩子一起生活。他看到山里的孩子为了上一趟学，要赶好几个小时山路，到了学校，一个个坐在破旧的书桌前埋头苦读，心灵被震撼了。一年后，他回到了自己的城市，像换了一个人似的，拼尽全力去学习，后来考上了一所全国重点大学。他说，他要通过自己的努力，挣很多钱，给山里的孩子建学校。

如果你对自己的未来很迷茫，你也可以到处走走，看看其他孩子是怎么生活和学习的。如果你愿意，可以存下你的零用钱，资助帮扶山里的孩子买书、买书桌。你会在做这些事情的过程中感受到学习的意义。

3. 培养阅读的习惯

你可以不知道为什么而读书，却不能停止阅读。大量的阅读，可以让你看到更广阔的世界。当你真正打开你的心胸去接纳未知的一切，当你能从不同的维度看待所有人和事物，你心中那个"为什么读书"的疑虑就自然会消失了。

　　所以，建议你保持阅读的习惯，不是为了考试，不是为了什么功利性的目的，纯粹只是阅读，享受读书的快乐。要有选择性地阅读，读好书，读有用的书，特别是要阅读经典，领略那些流传已久的智慧。这样不仅可以丰富你的知识，还可以让你对学习有更多的渴望。

　　当然，我希望你是完整性地阅读，而不是在网络上寻找那些碎片化的信息，对于网络过量信息的筛选，又是另外一个话题了。

3 解码学习力
——怎么学习才更有效

what

不知不觉，小帆已经是一个初三毕业班的学生了。

他对自己的目标很明确，就是通过中考，被理想的示范性高中录取，所以他学习很努力。老师常说，在学校，小帆就是同学们的榜样，认真上课，认真完成老师布置的各项任务，做事一丝不苟。在家里，小帆还是个让人省心的孩子，做作业从来不需要父母监督，做完作业还会自觉刷题。

这样说来，小帆要考上目标的理想高中并不难。可让他很苦恼的是，他的成绩总是不稳定，考前背下来的东西，很容易就忘记了。他的思维也比较刻板，题型稍有改变就会让他不知所措。

老师说他学习方法不对，他却总觉得勤能补拙。他没时间去探究那些东西，他给自己布置了很多任务，有一堆的试卷要刷，他要赶快把它们完成了，不然他会感觉到不踏实。

眼看着中考就要临近了，他的学习成绩还不见起色，这让他感觉到烦躁和焦虑。

why

有一些学生，从小学习都是靠老师一口一口地"喂"下去的，老师无论讲什么，他们都照单全收，看似很勤奋，却没有创新力和持久性，稀里糊涂地就读完了书。出来工作后才发现，自主学习的能力要比成绩单上的分数重要得多。

关于这一点，我们伟大的毛主席也有过阐述，他说："我们的任务是过河，但是没有桥或没有船就不能过。不解决桥或船的问题，过河就是一句空话。不解决方法问题，任务也只是瞎说一顿。"

与其憋足劲、蒙着眼往前冲，吃力不讨好，不如停下来，好好想想怎么学习才更有效。所谓"磨刀不误砍柴工"，只有磨快了砍刀，才能更快地砍柴。知识就好比一座大宝库，而高效的学习方法才是让你开启宝库的那把钥匙。

你已经知道学习方法的重要性了，那么就应该给自己探索和反思的时间，找到一些成功经验，并把它们总结起来，提炼出适合自己的方法，让自己更高效地学习。

说起来似乎很复杂，其实，这不过是一个发现问题和解决问题的重复过程，把问题揪出来，逐一击破，再做针对性的练习，就好了。

所以此时，你需要给自己列一个问题清单，例如：为什么自己在课堂上这么认真还是听不懂？为什么一些科目听懂了还是不会做题？为什么学会了却不能举一反三？为什么记不住知识点或者记住了容易忘记？我有多少有效的学习工具可以用？……

你只要优化自己的学习技巧，提升自己的理解力和分析力，再发展创新力、记忆力等各种综合能力，那么，你离成功就不远了。

how

1. 需优化的学习技巧

在这里提优化学习技巧，并不是要你重启炉火另开灶，你所要做的学习步骤跟以前是一样的，我们只是让它们变得更加清晰有条理，并且更具有科学性。

首先就是课前的预习。学生都知道，预习是为了锻炼自学能力，提高听课效率。对于预习，要明确预习的任务，可以通览教材，知道这节课的大概内容，如果有新旧知识的连接，可以回过头对相关知识进行复习。在阅读教材的时候，分析好重点难点，找出那些你通过自己的努力还是没有办法弄明白的地方，然后做好预习笔记。

预习笔记里应该有两个内容，一是这节课的基本框架，把不懂的地方标记起来；二是找到相应的练习检查预习的效果，打好这场有准备的仗。

做好预习后，就是听课了。专注地听课是一把很好的武器，要结合自己的预习，跟紧老师的思路，把握好课堂上的时间。课堂是知识的主阵地，课堂上错失的知识点，课后你可能需要你摸索很久。

而课堂上有样非常重要的工具，就是课堂笔记。它可以让你在听课的过程中不走神，也可以对课堂上老师所说的重点难点进行归纳和提炼，方便课后的复习，所谓"好记性不如烂笔头"。

但是笔记不是简单地复录老师的话，不是听写。笔记到底要记一些什么呢？其实老师都会给你提示的，要抓住老师说的"这一点非常重要""这是一个常考点""同学们经常会在这里出错"等话语，还要把老师板书归纳和反复强调的都记下来。尽量不要长篇大论地记，尽量压缩文字，记关键词，用不同符号标记出不同内容。

然后是课后的复习。其实作业也是复习部分的一个关键内容，所以千万不能轻视作业的作用，它会让你自主地进行查漏补缺，重新梳理课堂所学，并且可以加深自己对知识的记忆。

复习是有以下几个步骤的：首先思考一下今天的主要学习任务，例如数学学习了反比例函数的图像、化学学习元素周期表、语文学了哪篇古文等，任务越具体越好；其次回忆一下这个内容有些什么考点和易错点；然后反思一下自己掌握了多少，这个反思可以通过做一些书面练习来完成；最后总结一下自己的长短处，找出自己的弱点。

这里要提到一个工具：错题本。记录错题是一个烦琐的过程，需要坚持才能出效果。有这么一句话："世界上最有价值的习题不是专家出的习题，而是自己做错的题。"它会让你从犯错中汲取教训，避免重复的错误，让你的错题成为成功的阶梯。

那么错题本里应该收录什么题呢？除了平时作业和考试常做错的题外，还可以记录下课堂里没有听懂的题，复习过程中做不出来的难题，等等。在每一道题旁边，都可以有一个区域，分析错误原因，并把正确的解答过程记录下来，还可以写下这道题的知识点分类。

错题本是独一无二的，它是你的专属宝藏，所以要持之以恒哦！

学习的程序化可能会让你感觉到枯燥，可是真要一步一步做下来，你就是学霸了。

2. 提问的必要

学习不能只是埋头苦干，真正优秀的人还拥有一项技能，这就是提问。

懂得提问的孩子，是有着强大的主动思考的意愿的。他们对学习会更专注，更有责任感，更积极，这些都是内驱力的基础。无论你问的是什么，提问这个行为本身，也已经在默默地推着你走向成功。

在你平时的学习中，肯定会遇到很多的疑惑，如果你只追求做题的数量，而不用心去探究和解决这些疑惑，那么存在于你知识系统里的坑就会越来越多，你想在考试中避开这些坑的可能性也就越来越低了。

所以还是建议你要多问问题，向老师问，向家长问，向同学问。甚至，你在提问中，都可以找到问题的答案。

提问的模式会有三种。第一种是保守型的模式，就是你遇到哪道题不会做，或者课堂上哪个知识点还不太懂，你去别人处寻求这个答案；第二种是发散型的模式，例如你在做数学题时，去跟别人探讨一下，看如果把条件改变一点点，结果是否一样；从一个点去出发，发你的思维，通过提问去扩展你思考的范围；第三种是确认型模式，在这种模式里，其实你已经找出了症结所在，然后找到别人去求证，或者看看别人有没有什么不一样的看法，集众家所长，这样你的思维就会更开阔。

3. 高效记忆的方法

很多学生都会有这样的抱怨，明明是背了很多遍的课文，抄了很多遍的知识点，却还是记不住，导致考试的失分。这让孩子和家长们都感到不安。

其实人的记忆并不是呈线性的，也就是说，假如你一天忘记 10% 的内容，那么并不能说明两天会忘记 20% 的内容。德国的心理学家艾宾浩斯在 1885 年就提出了"遗忘曲线"的概念。研究发现，学习之后的 20 分钟是遗忘最快的时间，遗忘率会高达 50%，而两天后遗忘率是 70% 左右。也就是说，时间拉得越长，遗忘速度就越慢。

根据这个遗忘曲线，我们可以找到一些策略来应对它。首先，我们必须要在两天内重复记忆那些很重要的知识，在最有效的时间内重复记忆，是可以达到扰乱遗忘曲线的作用的；其次，我们需要在一段时间之后对这些重要知识进行考查，你必须要知道在你的知识链里有哪个点是不牢固的，要尽快去修复，进行重新记忆。这是一个正循环的过程，慢慢地，你会对这些重要知识点印象深刻，做到不容易忘记。

除此之外，提升记忆力，是有很多工具的，例如索引卡片法、图表学习法、类比法、趣味记忆法等，其中有一个工具很好用，这就是思维导图。

有人称思维导图是"大脑的瑞士军刀"，它可以开启大脑的无限潜能。在做思维导图的过程中，你要把各种信息进行详尽分析，再把各种关键词按照一定规则，用图像和文字相结合的方式画出来。

其实所有学生都知道，我们的考试肯定不会超纲，去考我们没有学过的东西。可是中考或者高考考的是几年所学的内容，题目综合性都很强，很多题让人觉得似乎都见过，但又都无从落笔。这是因为你在大量做题时，没有花精力去整理，去思考这些题背后的关联性。如果只是靠强行记忆，学习就会变得僵硬而低效。

思维导图就可以帮助你进行联想记忆。以一个关键词作为主题，向外发散出很多主分支作为第一级的信息，每个主分支还可以画几个小分支，以此往外延伸。以数学一元二次方程为例，关键中心就是"一元二次方程"，以此为主干分出"概念""解法""判别式""应用"等四个内容。每个分支还往往可以延伸小分支，例如"解法"里可以分为"直接开平方法""配方法""公式法""因式分解法"等四个二级分支。

在思维导图里，尽量用不同颜色的彩笔去做标注，这样不仅美观，还可以加强记忆，也可以加入一些图标、符号来作为强调。总之，尽量发挥你的想象力和创造力去绘制，它不一定是一幅美丽的艺术品，但是它可以帮助你从大量信息中解放出来，并且一次又一次地激发你的自主记忆。大脑的语言构件就是图像，用图像来记忆比用文字来记忆更有用。

学习的方法还有很多，但无论是哪一种，都不能纸上谈兵。没有实践的方法都是空话，希望你可以坚持，这是通往成功的必要路径。

4 解码偏科问题
——我只学喜欢的科目

what

老师和同学们都说，小东是一个数学迷。他特别喜欢数学，数学成绩自然也好。他常对同学说，在刷数学题的过程中感到特别开心，要是能再解出一两道压轴难题，心里满满的就都是成就感。初三了，数学越来越难，小东的成绩却越来越好，这让同学们十分羡慕。

小东数学成绩稳居全班第一，但他的英语成绩却长期徘徊在及格线，以小东的话来说，就是他天生不是学英语的料。他觉得自己的英语发音不标准，会让同学们看笑话，所以不敢当众开口。他也觉得那些字母拼凑起来的文章，他看着看着就会犯困。当然，他也曾经为英语努力过，可是收效甚微，渐渐地，他开始找各种借口把英语丢在一边，像没有兴趣、英语课听不懂、不喜欢英语老师等等……后来，他不仅不做英语作业，连上英语课也在刷数学题。结果是可想而知的，英语卷上的那个红彤彤的分数真是刺痛了每个人的心。

其实别以为小东不着急，他是很明白的，如果英语成绩上不去，考高中的希望就要破灭了。只是，他一看到英语就发蒙，实在不知道怎么去突破这一个困局！

why

无论你现在面临怎样的困局，你都必须要拥抱一下这个不完美的自己。

对于你现在的学习情况可以用一个词来归纳，这就是"偏科"。那么，大家是怎么去定义"偏科"呢？如果孩子的成绩某些科目不错，而某些科目却很差，或者对某些科目很热爱，对另一些科目却表现得不感兴趣，想必这就是偏科了吧！

美国的心理学家加德纳曾提出多元智力理论，他说："每个孩子都是一个潜在的天才儿童，只是经常表现为不同的形式。"是的，孩子们的智力发展和思维方向会有明显的差异，擅长逻辑思维的孩子可能觉得形象思维的科目学起来比较吃力，这样的不均衡其实也是正常的。

在此同时，青春期的你是多么渴望自由，这种自由表面上比较多地体现在行为上，希望老师和家长不要过多干涉，希望自己可以做所有想去做的事情。其实，在内心的深处，青春期对自由的执着，更体现在选择上。你更愿意去选择自己熟悉的事情，更能导向成功的事情，或者仅仅是选择想去做的事情。而对于那些感觉被抑制、不被轻易认可的事情，就完全失去了兴趣。

同时，青春期的你常表现厨无所谓的样子，不愿示弱。偏偏，英语就弱了，这是所有人都能见到的事实，似乎这件事情已经打击到你的自尊，所以，也更加导致你的忽略。你不听英语课，不做英语作业。你想告诉别人，你在英语上的失败，是因为你刻意忽略了它，而不是你的能力问题。

另外还有一点，青春期的你对强制的事情太过反感了，那种"我偏不"的心理似乎在控制着你。我们再回头看看小东的现状，数学成绩非常优秀，按常理来说，小东是有希望考上理想的高中的，却被英语一科拖了后腿，我甚至能想象得到小东的父母是怎样的着急。无论小东的父母用哪种行为方式对待这件事情，对于小东来说都是一种压力。出于对这种压力无声的反抗，小东的潜意识里已经把英语讨厌到了极点了。

小东，说了那么多，你会懊恼吗？是不是真的就如你所说，你天生不是学英语的料，你也无法改变现状呢？

当然不是的。首先，你曾为英语努力过，也很想破这个局，你希望自己能考上理想的高中，这说明你有清晰的学习目标和良好的学习愿望，而这些是成功的前提。其次，你已经从你擅长的数学中学到了正确的学习方法，换言之，你的学习力比一般同学都要好。最后，你也明白，因为兴趣所至，所以你会专注于数学，还有迎难而上的毅力，说明你如果把这些能力迁移到英语上，你就会成功。

你要明白一点，你是有能力让自己变得更优秀的。那么，下面让我们一起来探讨一下解决偏科的方法吧！

how

1. 学会正确归因

我们一直强调，解决问题以看见真实的内在自我为起点，才能有所改变。不仅仅是孩子，即使是成年人，也容易在遇到困难时把责任外推，以作为自我保护的机制。

其实，我们所遇到的问题，很多都不是外界导致的。如果你把偏科的原因归为客观的、不可控的、无从改变的外部因素，那么你就会允许偏科这个事实的发生和延续。正如你所表现出来的，同学们可能出现的嘲笑，英语课上可能出现的听不懂，英语老师可能出现的你不喜欢的行为，等等，无不成为你偏科的借口。

只有你愿意放下这些借口，从自身内部出发分析偏科原因，才有动力去寻求方法来克服这些困难。

同时，也不要去埋怨现实。虽然人的思维发展存在差异，但是现今社会需要的是复合型人才，只有综合素质强的孩子，才能有较强的竞争力，为自己、为社会创造较大的价值。

2. 找到改变的切入点

当然，"不是学英语的料"，这种想法何尝不是阻碍你改变的借口呢？英语于你来说，真的那么困难那么无趣吗？还是你从来没有真正认识过它？要知道，仅凭第一印象和后续想象就武断地评价一件事，是不公平的。所以，你可以尝试把趣味英语作为学习的切入点，而不是应试的知识点。

你可以先放下书本，去看一些有趣的英语电影，也可以找一些英语小笑话和小短文来看。也许你未必能看得懂，但只要慢慢坚持积累到一定时间，你的词汇量和语感就都能有所提升、更重要的是，你会发现，原来英语不是自己认为的那样枯燥无味。

3. 分配更多的时间和精力给弱势科目

青春期的孩子会更容易放任自己的喜恶，你需克服这一点。学生们总是在不知不觉间就把时间和精力偏向自己喜欢的科目，正如你偏爱数学。在你不愿意去听英语课的时候，你会选择把属于英语的时间都给了数学，这也是你学科成绩不均衡的原因之一。

中考的性质决定了它的淘汰属性，你的数学已拔尖，在此情况下想再冲更高的分数是比较难的，而弱势科目的潜在上升空间就很大了。你只要把心态放好，找对学习弱势科目的方法，就会取得事半功倍的效果。

你可以从最简单的单词和语法开始，由浅入深，循序渐进，也可以去请教学习英语比较有心得的同学。这个过程中，肯定会有不同的挫折在等着你，你做好心理准备去迎接它们了吗？要相信，每一个问题都是让你进步的台阶。

4. 改善与老师的关系

很多孩子在偏科的理由里会提及不喜欢那一科的老师。其实，这也是一个很重要的因素。青春期的孩子正处于依赖性和独立性矛盾共存的时期，孩子们更容易"爱屋及乌"。因为喜欢任课老师，所以喜欢某一科，因为喜欢这科，学习成绩会更好，因为成绩好又强化了对该科的喜欢，从而进入了一个良性循环。反之亦然。

外在的呈现很多时候都是内心的投射，我们可以通过改变想法去改变现状。你可以找出不喜欢某位老师的理由，看看是因为他对你的评价，还是他讲课的方式？

青春期的孩子心理的感知力比较强，也更为敏感，但承受力较弱，容易放大自己的感受，从而会因为这种心理影响自己的判断。无论你的理由是什么，都要多把自己的想法告诉老师，平心静气地去沟通。为人师者大都有一份对孩子的爱心，你可以不承认老师的一些做法，但是要相信老师的善意。只要你放下成见，也许就能在英语老师身上发现你喜欢的品质。

请给自己一点信心。偏科没什么大不了，只要对症下药，积极面对，你就一定能扭转这种不利局面。

5 解码时间管理
——我的时间都到哪儿了

what

凌晨两点，婷婷的书房里还透着灯光，毫无疑问，婷婷又在埋头苦赶作业。

这好像已经成了一个恶性循环。婷婷每天晚上都会做作业到凌晨，也因为长期的睡眠不足，导致白天的学习效率大大降低，上课常走神，写作业也拖沓，成绩自然跟不上。

婷婷自己也反思过这个问题，只是她觉得每天要做的事情太多了，除了常规的上课和做作业外，她还要练钢琴。钢琴考级也是很重要的事，虽然这并不是婷婷的意愿，她可一点儿都不喜欢钢琴。

有时候，做着做着作业，同学就会来电话，聊天真的很耗时间，不过婷婷也不好拒绝，人际的交往总是必需的。另外，婷婷还喜欢画画，以她的话来说，再忙也要分一点儿时间给自己的兴趣爱好吧！

反正，时间总在各种的忙碌中飞奔而逝，婷婷也总在夜深时才发现还有很多事情没有完成，例如做作业。

可是婷婷的妈妈却不这么认为。哪里是因为时间不够用呢，分明就是拖延，不珍惜时间。你看，婷婷每天放学回家，晚饭过后休息一下，弹一会儿琴，没几分钟又去看看电视，或者跟同学电话聊聊，甚至什么事都不做，就坐在那里发呆。每天都是快要上床睡觉了，才迫不得已开始赶作业。

每天都是这样，明明自己做了很多事，却又似乎什么事都没做成，这让婷婷觉得很焦虑。生活就像是一团乱麻，怎么才能有所改变呢？

why

婷婷，如我们所知，所有看似不好的事情里，都会有一些值得肯定的部分。你看，无论如何，你都能坚持每天完成作业，可见你对自己的学业有责任心。同时，在忙碌的学习之余，你还能保持你画画的爱好，可见你对自己的兴趣有清晰的认识。你的这些闪光点都是应该被看见的，只是，你如何拥有足够的时间去完成重要的目标任务，又如何更有效地利用时间来达至成功呢？

对于青春期的你们来说，对时间的焦虑，常见的归因有二。

其一，学生时代的你们确实很忙，每天都要应对繁重的学业，还要去兼顾各种的兴趣班。而这个时候的你们，人际需求在不断增强，情感世界也越来越丰富，也需要时间去探索、去体验。

于是，你们把自己的日程计划排得满满的，立志要做完所有计划之内的事情。到头来却发现，忙碌了几年，眼看着毕业考即将到来，成绩却毫无起色。那些喜欢做的事，也慢慢因为疲惫而无力继续。

这时候，你需要学习一些时间管理的相关知识。首先是要明白时间管理的"二八定律"。这是 1897 年意大利的经济学家维尔弗雷多·帕累托提出的一个现象，他发现 80% 的社会财富由 20% 的人所有。同样，"二八定律"可以被运用到各个领域，例如 80% 的资源应被用在20% 的关键效益上面。所以，你需要找到并聚焦在对你人生影响最大的那 20% 的事情上，而不是眉毛胡子一把抓。要知道，大道至简，时间管理其实是一个做减法的过程。

其二，你是否能感觉到，确如妈妈所言，是你对时间的不珍惜，导致时间不够用。拖延是青春期孩子普遍存在的现象，究其深层的原因，拖延源于学习焦虑。你对自己能完成学习任务不自信，当不安和沮丧的情绪扑面而来的时候，只能选择暂时性地逃避。

其实你自己应该清楚，这是一个非理性的循环，消极应对只会让事情变得更糟。可是青春期的孩子更看重当下的感受，而不是以后的。拖延会让当下更好受一点，虽然明知道该完成的任务还是要完成，但这已经是几个小时后的事情了，那就到时再说吧。

针对这两种原因，我们一起来想想应对的办法吧。

how

1."四象限"的时间管理法

现代管理学之父彼得·德鲁克提出的"要事优先"理论是所有时间管理法的底层逻辑。如果你真的感觉手头上有太多还没完成的任务，那么不妨重新调整一下任务清单里的优先级，在有限的时间内，最先做重要的事情，而且一次只做好一件事，只有这样才能让任务有序地进行，并实现价值的最大化。

其实很多学生都分不清自己学习和生活中所有事情的轻重缓急，他们每一天都过得一团乱麻，缺乏条理。

对此，美国的史蒂芬·柯维提出了著名的"时间管理四象限"，把所有的事情都划分进"重要紧急""重要不紧急""紧急不重要""不紧急不重要"四个象限。在这里，"重要紧急"的事是要立即去做的；"重要不紧急"的事可以有计划地推迟执行，把它记录在我们的记事本里；"紧急不重要"的事要尽量少做，可以授权给其他人做或者婉拒；"不紧急不重要"的事要从自己的记录中删除，不要再去碰它。

我们可以试着分析一下你现在的任务清单：做作业、练钢琴、跟同学通电话、画画、看电视……

然后我们把这些任务放进四象限里：

第一象限是重要紧急，很明显，做作业是重要紧急的事情，这个必须在当晚完成，作业的质量也关系到学习的效果。所以这个肯定是要立即去做的。

第二象限是重要不紧急，你觉得在你的任务清单里，什么属于这里呢？是画画吧？那是你喜欢的事情，根据你的意愿，这个当然非常重要，但画画不是很紧急的任务，你可以在做完所有第一象限的事后，再动手练习画画。

第三象限是紧急不重要，例如跟同学打电话。同学来了电话，我们是没办法把它延后的，只能去听。如果没有什么特别的事情，只是闲聊，那也就是不重要了，这会耗费你大量的时间。所以这样闲聊的电话是可以选择少打的，你可以坦诚地告诉同学，你现在要完成作业了，等完成了所有任务后，在休息的时间再回电。

第四象限是不紧急不重要，例如看电视，追一些无聊的电视连续剧。这种电视剧不仅会浪费你大量的时间，而且会让你的意识杂乱，你也就更不想静心坐下来去完成作业了。当然，我们可以用第四象限里的事情来调剂生活的压力，但千万不能作为任务清单里的一项，更不能沉迷于此。

至于练钢琴，还是建议你跟父母沟通一下，毕竟只有保持着兴趣，才能有更好的热情学习和练习。尊重自己的意愿去选择自己该完成的任务清单，也是非常有必要的。

婷婷，你可以继续划分，把所有想做的事情都归纳进去。利用"四象限法"来整理和安排学习和生活，不仅能提高效能，还能让你保持着愉悦的心情，更有效地去完成清单上的内容。

2. 专注于一件事

德鲁克的"要事优先"理论也说到，一次只做好一件事情。当你看到很多待办的事在等着你时，可能会出现忙乱导致的烦躁情绪。如前所说，青春期的孩子更关注自己的情绪，如果无法保持平和愉悦的心态面对必需完成的学习任务，那么他们可能就会选择什么都不做，或者拖延。

所以当我们从一堆事情中找出属于第一象限的要事，例如做作业，那就要把时间首先集中在这件事上，而不要被其他的事情所干扰。

如果你觉得长时间地专注在此会让你疲惫，那我们可以试试"番茄法"。

这个方法是由意大利的弗朗西斯科·西里洛提出的，意思是把一个完整的时间切割成若干个"番茄时间"，例如 25 分钟。我们把计时器调到 25 分钟，当计时开始时，我们要保证其他的干扰都不存在，只专注于做作业这一件事上。你要学会在这 25 分钟内摒除杂念，不要去想现在电视机里播的是什么节目，不要去接任何电话，也不能去想你最喜欢的画画。跟家人说好，在这段时间里，不要来跟你说话，不要打扰你。

25 分钟响铃结束时就是休息时间了，你可以允许自己去做任何你想做的，喝一杯喜欢的果汁，跟家里人聊聊天，或者去看看电视，怎么样都可以。这段时间是属于你的，不要有愧疚感，去做任何能让你开心的事吧。

休息时长可以由你来安排，5—10 分钟会比较合适，然后再重新开始 25 分钟的"番茄"专注时间。

尝试一下，你会发现在这几个"番茄时间"里的学习效率，会比平时高很多，而你对时间的焦虑也会大大减轻。

3. 直面拖延

或许很多道理你都懂，但再好的时间管理工具在你的手上都会失效。这是为什么呢？你不是做不到，而是不想做，这就是我们所说的拖延。

其实拖延的原因有很多种，目标不明确，规划不清晰，都会导致拖延，在这种情况下，上述的工具都是可用的。

可大部分学生的拖延却是因为学业焦虑和自我否定。假设你对自己很有信心，对学习充满热情，你还会拖延吗？相反，你很讨厌英语，却被逼着要完成大量的单词背诵、阅读理解和听说训练，那从本能上你就会产生抵触情绪，持续拖延。

其实拖延往往会伴随着自我责备，如为什么自己不能很好地完成作业，为什么自己没有足够的能力应对学习。

这其实是另一个话题，即如何增强自我的价值感。

在这里，我给的建议是，适当地奖励自己。相对于自责，给予自己积极的体验可能会有不一样的效果。例如如果我今天能在十点前完成作业，我就给自己买一件礼物。当然这个可以寻求家长的帮助,相信爸爸妈妈会愿意做出一些鼓励的行为,协助你治疗拖延。

同时,在觉察到自己拖延的时候,抓住那个拖延的借口,并做出反驳。例如你看到自己没有做到要事优先,没有第一时间去完成作业,你的借口是什么?"我晚上的时间还很多,先休息一下。""作业太难了,让我缓缓再做"……找出你的反驳理由,并告诉自己,只要你在此刻坐到了书桌前,你就已经成功了一半。

积极的心理暗示是治疗拖延的办法,而确立具体的、可操作的目标也是必需的。看看自己未完成的作业有多少,哪些是你有把握能迅速做完的,可以先做;哪些是你觉得有难度的,可以后做。

总之,当你看到了问题,你便已经走在解决的道路上了。

6 解码专注力
——我总是不能集中注意力

what

晨晨是一个聪明活泼的孩子，老师们都是这样评价他的。

同时，各科的老师也都发现了，晨晨是个粗心大王，考试总会丢掉很多不该丢的分数。上次语文考试，他就因为漏题而丢分。数学考试，他连压轴难题都做出来了，都因为一开始就算错数而丢掉了大部分的分数。英语考试，他因为忘记首写字母大写而被扣分……这些粗心大意的事情实在不是偶然，几乎每次考试都会出现。老师觉得惋惜之余，也束手无策。

其实晨晨还有一个毛病，做事情总容易分心，上课的时候只要窗外面有声响，他的注意力马上就被吸引过去，以至于老师接下来说了什么他都不知道。

做作业也是，根本没办法专心去做，一会儿玩玩这个，一会儿弄弄那个，反正时间就这么溜走了，作业不是没完成，就是完成了质量也不高。

究其原因，就是晨晨的专注力不够，这可是一个大麻烦。

why

人的日常意识有两种糟糕的状态，我们称之为猴子意识和大象意识。猴子意识对应的是焦躁，当你在做作业的时候，会突然想起衣服还没有叠，当你急冲冲去叠衣服时，又想起要给某个同学打电话。你的想法很多，意识很忙，就像是一只猴子在树上跳来跳去，停不下来。

大象意识对应的是昏沉。你本来是想认真听课，也觉得这个老师讲得还不错，可是听着听着你就会不自觉地走神，开始进入迷迷糊糊的状态，半梦半醒间，老师说了什么你也记不清了。你的意识就像是巨大的大象身躯，迟钝而沉重。

但无论是哪种状态，都可以归到专注力的问题上。其实，专注力并不是什么高深的能力，相反，专注力是我们与生俱来的，我们尚在襁褓之中，对于好奇的东西都会目不转睛地盯着看很久，完全处于忘我的体验里，这就是专注力的表现。而长大了，各种信息汹涌而来，我们的认知越来越丰富，念头也越来越多，反而破坏了我们的专注力。

那么，到底什么是专注呢？当你全身心地沉浸在一件事情上，你的眼睛、耳朵，还有任何触觉器官都聚焦在这一点，就是专注了。

著名的心理学家丹尼尔·戈尔曼强调过："专注力比智商更能影响一个人的最终成就。"可见，专注力对于一个人的成功是尤为重要的，是所有认知能力的基础，是衡量这个人是否可以长远发展的标准之一。对于青春期的你们来说，不能对之小觑。好的专注力还可以带来综合素质的提升，例如人格发展和人际关系改善等。

是的，专注力很重要，那是什么在影响着你的专注力呢？

当然，大脑功能发育和身体机能的发育水平确实是因素之一，另外还有对事物的目标性，如果有了明确的目标，提升了内在驱动力，也就开启了专注力的大门。晨晨，想想你小的时候，为了把散乱的积木砌成那个既定的最终模型，是不是可以不吃饭不睡觉，一定要达到目的不可？

兴趣爱好同样会影响到专注力，对于喜欢的事情，你可以沉浸其中很久很久都不愿意出来。这个很好解释，当你在玩手机游戏的时候，注意力是不是特别集中？它有趣、刺激，可以有及时的奖惩反馈，总之，不会有哪个孩子需要家长拿着棍棒强迫着去打游戏的；对于玩游戏，大家都很乐意很自觉，也很专注。

另外，情绪需求也会影响到专注力。焦虑、愤怒、挫败感等情绪，都会让你产生自暴自弃的念头，此时，又怎么可能集中注意力？

还有身处的环境和家长的因素等，也都会影响到专注力的培养。

所以，我们该怎么做呢？

how

1. 刻意的训练，唤醒专注力

培养专注力的训练方法有很多种。首先我们知道，当视觉、听觉和触觉等集中在一点，并且能协调配合，就能拥有很好的专注力。

美国著名的阅读研究专家吉姆·崔利斯就给我们提供

了一个很好的办法——大声朗读。大声朗读可以有效地训练我们眼、耳、口的配合，并且在大声朗读的过程中，我们必须要把精力集中到文字上，一走神朗读就会中断，这无疑可以训练我们的专注力。

你可以在一天中抽出一段固定的时间进行大声朗读，如果能读给别人听更好，让爸爸妈妈成为你的听众，这还可以促进亲子关系，一举两得。

还有一种训练专注力的方法，叫作"看呼吸"。你可以找一个安静的地方，确保在几分钟之内不会有人打扰你。然后把意识专注在你鼻尖上，就好像那里有一个门岗，你的一呼一吸就好像进进出出的"车辆"，无论进还是出都要经过鼻尖的这个门岗。你就是门岗上面的护卫，看着你呼出和吸进的气，如同看着那些进出的"车辆"，就看着它。或者你还可以数一下，有多少"车辆"进去，又有多少"车辆"出来。如果你能每天做几分钟这个练习，你的专注力一定可以得到提升。

2. 从无意注意转化为有意注意

注意力的形式可以分成两种：有意注意和无意注意。有意注意指的是有具体目标的，并且有意志努力的一种注意力，学生的上课状态就可以称为有意注意。而无意注意则相反，它没有预定目的，也不需要意志努力。就好像我们遇到强烈的刺激物，例如突然出现很大的响声，或者非常浓郁的气味，我们都会不经意间注意到它，这就是无意注意。

对于孩子来说，无意注意明显是占了优势的，它不需要耗费很大的能量，所以孩子会习惯性地对之产生依赖。可是随着外界的刺激发生变化，常用无意注意的你就会很容易形成注意力分散，这对学习是很不利的。正如晨晨在上课时总会受外面声响的干扰，无法专心。

所以我们需要有意识地加强有意注意的能力。你可以在容易被看见的地方放些小纸条来进行积极的提醒，这是一种很好的心理暗示。例如你可以在书桌上贴些便笺纸，在上面简短地写上"认真做作业，不要分神""专心听课，不要开小差"之类的提醒。看似很简单，但当你的注意力开始涣散时，这样的一句话能给你及时的棒喝，让你回到当下需要完成的任务上。

我们还可以借助做任务清单等时间管理的方法，或者在听课看书时养成做笔记的好习惯，培养自己的责任心等，锻炼出自己对有意注意的控制。

3. 改善生活环境提高生活品质

现在有个很流行的词叫"断舍离"，其实当你舍去多余的杂物，你的生活也开始变得有条理，意识状态也就更清晰了。

所以我们可以还给自己一个整洁的学习环境，当然，这需要你安排出时间，把书房和睡房收拾一下，把必要的物品摆放有序，把已经不再需要用到的物品处理掉，减少干扰你的环境因素，这样也能提升你学习的专注力。

另外，你的生活品质也会让你的专注力发生变化。你应该有这样的体验，如果你晚上睡不好，白天上课就很容易走神。如果你晚饭吃得太饱，那晚上做作业时就会集中不了精神。所以你要保证你的睡眠时间，不能因为赶作业而熬夜，更不能因为打游戏、看电视或看小说而熬夜。同时，要注意吃饭的节奏，按时按量，保证营养。

4. 运动是提升专注力的良药

有大量研究证明，运动可以明显地提升我们大脑的专注力。从生理角度看，运动可以促进多巴胺、肾上腺素等的分泌，从而增强大脑功能。特别是策略性的体育运动，例如打羽毛球，更能进一步优化大脑的综合能力。从心理角度看，运动能提升对意志的掌控能力，这个对控制意识的专注起了关键性的作用。

所以当你觉得自己的专注力不够时，可以约上几个朋友出去打一场球，或者跟家人去爬爬山，在大自然里尽情地奔跑，让自己绷紧的神经得到放松和平静。然后再回到书桌前学习，效果一定大有不同。

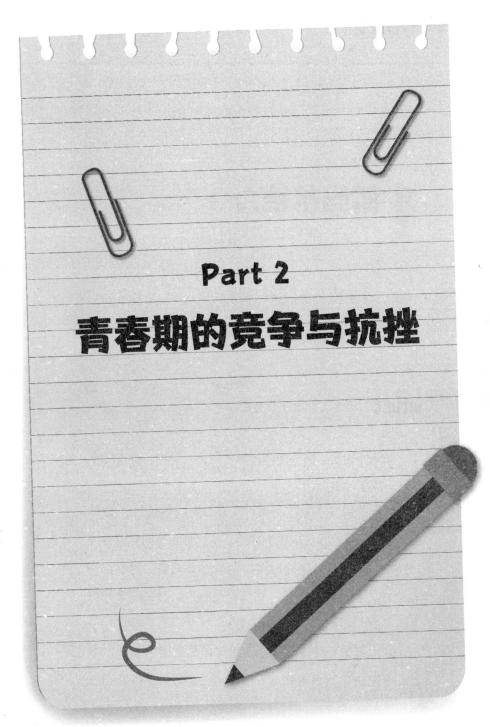

Part 2
青春期的竞争与抗挫

1 解码抗挫力
——失败让我深受打击

what

　　铭铭回到家，躲在房间里哭了很久，桌面上放了一张试卷，成绩还算不错。

　　铭铭等情绪平复了一点，才开口向妈妈倾诉。他的数学成绩一直都在班里名列前茅，所以他也被同学们称为"数学王子"，这是他的骄傲。可是今天的数学测验，他却被好几个同学超过了。铭铭深受打击，感到非常的沮丧，回到家终于忍不住大哭一场。

　　其实铭铭小时候也常常经历这样的事情。有一次参加一个演讲比赛，铭铭自我感觉还是挺好的，准备得也充分，结果竟然连初赛都过不了。那一次铭铭也是回家嚎啕大哭了一晚上，而且自此以后再也没参加演讲比赛。无论妈妈怎么劝说，他都不愿意再踏上舞台。谁都看得出来，他输不起。

为了让自己得到更大的成功，铭铭在各方面都很努力，学业上、艺术技能上……他觉得自己已经放弃了很多，不去社交，也没有多余的娱乐，那些在他心里是浪费时间的活动，他一律不参加。正因为如此，他更不允许自己落于人后。这样的不允许对于铭铭来说真是莫大的压力，他觉得很辛苦。

why

铭铭，请为你自己的竞争意识点个赞。在竞争愈加激烈的社会，你能早早就意识到通过自己的努力获取成功的重要性，值得称赞。你积极奋发、不甘落后的意识，也让你成为一个独立自主的优秀学生。

当然，正确面对竞争是可以激发人的潜能的。有这么一个故事，说挪威人很喜欢吃沙丁鱼，它有着巨大的市场需求，挪威渔民也就大量地捕捞沙丁鱼。可是沙丁鱼在运输的过程中很容易窒息而死。死鱼自然比活鱼便宜很多，甚至卖不出去，这让渔民们很苦恼。后来挪威的渔民想了一个办法，就是在沙丁鱼的鱼槽里放几条鲶鱼，那可是沙丁鱼的天敌啊。当活蹦乱跳的鲶鱼进入鱼槽四处游动时，沙丁鱼就能感觉到危险而四处躲藏。正因为沙丁鱼加速游动，活跃了起来，缺氧而死的问题就迎刃而解了。这就是心理学所说的"鲶鱼效应"。

所以竞争是必需的。可是凡事都要有一个度，如果竞争意识给你带来非常大的压力，甚至无法经受失败，那你就已经陷入过度竞争的误区了。

现在很流行用一个词来形容当今的孩子，就是"玻璃心"。遇到问题就放弃，畏难情绪严重，竞争失败后一蹶不振，甚至出现逃避、不愿再尝试等现象。归根结底，就是抗挫能力弱，导致孩子们输不起。

输不起的孩子，其实是无法真正享受到竞争的乐趣和好处的，他们只会陷在压力里无法自拔，就如铭铭自己所说，这样的压力会让人觉得很辛苦。

当你的抗挫能力较弱时，也会降低自我价值感，从而对很多你有天赋的领域失去兴趣。铭铭，你如果不是因为一次演讲的失利就彻底退缩，而是一直在这方面深耕，说不定会有另一番的成就。同样地，你会因为这次数学测验的暂时落后，而对你本来很有优势的科目失去信心吗？

抗挫力是孩子能否立足于社会的一大判断标准。美国著名的心理学家马斯洛也曾经强调："挫折未必总是坏的，关键在于对待挫折的态度。"所以相比于在学习上的进取心，如何面对挫折、化解困境也是非常重要的。铭铭，你要学会战胜挫折、承受压力、树立信心，在未来的竞争中为自己打下可持续发展的坚实基础。

那么现在，你就要保持笑容，开始向挫折宣战了！

how

1. 逆向思维，改变对挫折的想法

其实所有畏难的情绪，都是源于对挫折的恐惧。铭铭，你的数学测验只是偶尔一次落败，如果你就因为沮丧而失去学习数学的信心，那么学习状态只会越来越差，失败也就会越来越多，直至无法承受而放弃数学。

可是如果你能转念想一下，把这次的问题当成反攻的契机，是不是会更好呢？就好像一个坚强的拳击手，越挫越勇，才能成为最终的强者。每一次失败都能让你看清对方的优劣招式，也能看清自己的弱点在哪里，那么每一次失败都是能让你更上一个台阶的机会。如果没有这次的机会，你就只能停留在原来的水平无法前行，什么时候才能突破天花板呢？

一念之转后，铭铭，你可以准备一个错题本，仔细分

析这次失败的原因，不仅仅是针对题目，还需考虑各个方面，例如你的心态，例如做题的专注度，等等。找到问题的所在，我们就已经在转化它的路上了。

2. 享受过程的快乐

抗挫力低的孩子往往更重视结果，而非过程。他们关注的是结果的好坏，以及别人对他们的看法。换言之，他们忽略了自身的需求，也忽略了给自己一些肯定。所以，无论成败，他们都无法真正快乐起来，只有无穷无尽的压力，直至被压垮。

很多学生都会有这样的体验，一道较难的几何题会激发起他们的斗志，他们可以花很多时间攻克这道题，而成功过关后那种成就感会给他们带来巨大的喜悦。这样的体验其实跟分数无关，而是学习过程中的快乐感受。

如果你遇到挫败，可以暂时放下那些让你沮丧的东西，例如数学，找来一些颗粒模型积木，是的，就像你小的时候一样，把专注的时间交给这个模型积木，认认真真地把它拼好。当然你找来的这个模型积木要有一定的难度，这样你就能感受到突破难关的过程本身的快乐了。

或者激励自己完成一盒几千片的拼图，也会取得很好的效果。

3. 培养意志力

如果你是一个意志强大的孩子，那么你一定可以很好地应对挫折。

那就训练一下自己的忍耐力吧。有一个实验称为"延迟满足"，就是当你遇到诱惑的时候，考虑到长远结果带来的价值会比现在更大，所以放弃即时满足，而选择延迟满足。在等待期所体现出来的自我控制力，能让你在挫折出现的时候，轻松地跨过去。

这个练习很有趣，让爸爸妈妈给你买一样很喜欢的食物，你喜欢什么呢？是巧克力，还是芝士蛋糕？把它放在桌子上，放在最显眼的地方，然后跟爸爸妈妈达成协议：如果今天你没有把它吃掉，那么明天你将会得到更多。铭铭，你会怎样选择呢？

训练意志力的方法还有很多，例如爬山，或者户外徒步。这不是一次普通的郊游，而是需要坚持的"马拉松"，特别是在新鲜感过后，体能已经消耗了许多，你要靠意志来支撑，才能到达终点。这时候，你会选择放弃回头，还是选择咬着牙冲向目的地呢？

给自己一些积极的心理鼓励，你能看到你意志力里蕴藏的无限可能性，那是你突破生活中任何一道难关的法宝。然后，问问自己，还有哪道数学题会比这座山更难呢？

2 解码自信力
——我是个弱者，不可能成功

what

　　学校举行英语小剧场，班里一致推荐小宛去参加。小宛的英语一向很好，成绩在班里总是拔尖的，在小剧场里担任主角也是绰绰有余。

　　可是小宛沉默了半天，竟然拒绝去参加表演。她说，她站在台上去给这么多人表演，肯定会怯场，最后演砸了还会影响到其他同台的同学们。

　　无论老师和同学怎么鼓励她，她都不愿意，她的回答总是："我不行，我肯定不行的。"有几位同学为了让小宛上台，还主动提出陪她一起排练，她也都一一婉拒了。

其实小宛这种"我肯定不行"的想法一直影响着她，她从来不敢去竞选班干部，也不敢在辩论赛中主动站起来阐述自己的观点。她说她不是一个爱出风头的人，其实她的真实想法是："我肯定不行。""这么多优秀的同学，赢的怎么会是我"……

这些想法让小宛丢失了很多机会，她心里的担心总让她不敢踏出尝试的一步。

why

高尔基这样教导我们："只有满怀自信的人，才能在任何地方都怀有自信，沉浸在生活中，并实现自己的意志。"自信是让你直达成功的力量，是对自身价值的肯定，是把不可能变成可能的必要能力。自信并不源于他人，而是来源于自己内心，不会因为他人的评价或环境的改变而发生变化。自信的人，你能在他的眼睛里看到光，笃定的光。

可是，如果那些自信的人足够诚实，他们会告诉你，他们也会有担心和胆怯的时候。所以你不必因为自己的"不敢"而感到羞愧。真正的自信，首先是要接受这个会胆怯的自己，看到这个躲在表象背后的自己，然后把她拉出来，拉到困难面前。是的，真正的自信就是明知难还要迎难而上的魄力，它是在你心中的一股能量，会让你逐渐变得强大起来。

可能你会说，无论听过多少激励，喝了多少鸡汤，你还是会在参加表演之前害怕到双腿发抖，无法正常发挥。那个让你面对众人双腿发抖的东西是什么？

自信最大的敌人，就是那些被你的潜意识刻意掩藏的畏惧。那些畏惧会在关键时刻跳出来阻碍你成功，让你害怕当众发言，害怕表达自我，害怕拒绝，害怕改变……你需要看到这个畏惧，跟它对话，并彻底征服它。

有一个孩子，平时成绩都很好，可是每次考试都会失败，粗心丢分非常严重，甚至有一次不小心在考试的时候睡着了，导致半张卷子都没有完成。父母在他每次考试之后都会耐心引导他，陪着他找出失败的原因，帮他找来一些辅导老师为他查缺补漏。可是下次考试，他还是会考砸。父母认为他自信不足，所以在考试时怯场了。

后来，父母带着这个孩子去进行心理咨询，才挖出了藏在他内心的那些不易被察觉的恐惧。这个孩子并不是害怕考试，而是害怕考试成功。原来，他的父母平时非常忙，根本没时间陪他，只有看到他成绩差了，才会着急地在他身边跟他一起想办法。他的不自信，源于对孤独的恐惧，爱的匮乏让他的潜意识指引他不能在考试里取得好成绩。

导致人不自信的那个恐惧是不一样的。还有这么一个孩子，她很内向，不敢跟别人说话。后来通过对性格和情绪的分析，才明白她有着很深的自悲感，她认为自己不够好，不配得到别人的认可，所以想隐藏自己，不想让别人发现她。

当大家都觉得你优秀时，你为什么不愿意接纳这个优秀的自己呢？为什么赢的人就不能是你？为什么你那么肯定你是不行的呢？你在恐惧什么？要知道，这个绳索是你自己给自己套上的，也只有你才能解开它。

当然，自信是多种因素综合起来的心理特征，要获得自信的途径也是多样的。或者说，自信本来就存在，你只需要找到方法把它激发出来就行了。

how

1. 自信是爱的产物

一个小女孩在学自行车，一开始很害怕，害怕摔倒，害怕失败，每次自行车在摇晃时她都觉得自己肯定不行了，肯定学不会。她的父亲看到这样，快步跟上女儿，一边护着自行车一边给女儿打气。女儿踩脚踏的速度也越来越快了，父亲大喊："很好很好，就这样，眼睛往前看，就这样……"女儿越骑越自在，甚至没有觉察到父亲已经放开了手。在父亲的陪伴和鼓励下，她不再害怕摔倒，不再害怕失败。在她的成长过程中，每一这样的事情的出现，都是她积累自信的过程，慢慢地，她也就不需再去依赖父亲了。

自信并不是孤立形成的，只有感受到爱和信任，你才会建立起足够的安全感，这种安全感会消除你的恐惧。而感受到爱也是一种能力，这种能力的源头是你曾付出过爱。

当你察觉到自己不自信，也就是无法镇定自如地站在台上参加表演时，建议你有意识地对自己进行以下训练。每一天，留意身边的每一个人，特别是那些沮丧的人，尽你所有的能力去帮他们树立信心，给他们实质的建议，或者鼓励他们，甚至只是陪伴在他们身边，只要你全心全意地希望能够给予他们战胜心魔的力量，那么你就会在一段时间后发现自己也自信了起来。

当然，自信的形成也是一个长期的过程，所以你千万不要因为此刻的不自信而难过，只要肯尝试着做出改变，明天一定会比今天更好一点。

2. 积极的自我暗示

当你说出"我肯定不行"的时候，你就已经先败下阵来。消极的心理暗示，会让你在做事之前就确定会有失败的结局，你的心理负担肯定很重，也会感到紧张，这必然会限制你的发挥。而这种限制又会给你一个消极的反馈，让你"印证"你就是不行的，这是一种恶性的循环。

所以成功心理的核心就是积极的自我暗示。俄罗斯心理学家巴甫洛夫认为，暗示是人类最简单、最典型的条件反射。

我们无时无刻不在这样的暗示中，语言的暗示、环境的暗示等都在影响着我们的认知和情感。我们眼睛所看到的一切，很多时候都是我们自己内心的模样，积极的暗示疗法可以让自己看到任何人和事积极的一面，在轻松愉快的心态下，自信自然也会形成。

每天对着镜子里的自己说"我一定可以""这对我来说一点都不难""加油"之类的话，可能一开始你不相信这些话，可是刻意练习后，你说出的话语会通过你的耳朵进入你的意识，并产生作用。

另外不要总是说一些否定暗示的句子，"这篇古文我背不了""这类型的数学题我不会做"……把这些改成"背不了就分段背，多背几次就熟了""数学题这次错了，下次就有经验不会错了"等积极的暗示，肯定比负面的强调有用得多。

3.一万小时，形成自信

说起齐白石，我们一定会想起他画的虾，那些虾灵动活泼、栩栩如生，虾体晶莹剔透，虾须笔笔传神，颇有大家的风范。齐白石画虾，起笔成画，一点都不犹豫，那股自信实在让人佩服。可是，你想过吗，这风光的背后，是多少日夜的勤学苦练，他老人家画虾先后练习了数十年，所花费的时间远远超过了一万小时。

自信可以来源于能力，而能力则来自长时间高强度的训练。"一万小时定律"已经通过了验证，这么长时间的沉淀，足以让你的技艺至臻完美，这个过程，也会对你的信心产生潜在的影响。所以，当你怀疑自己时，当你为你的"做不到"而感到沮丧时，还不如踏踏实实地在实践中增强能力，而此后那些实在的成功也能强化你的自信，要知道，成就感也是自信形成的养分之一。

小宛，如果你希望有一天能站在英语小剧场的台上不胆怯，那就忘记你可能出现的任何表现，潜心练习你的英语吧，这样，即使错过了这次机会，下一次，你也一定能成功。

3 解码受害者心态
——为什么受伤的总是我

what

　　宁宁郁郁寡欢了好几天，不但在学校不跟任何人说话，在家里也常常皱着眉。可是粗心的妈妈似乎并没有觉察到宁宁的不对劲，连问都没有问一句，这让宁宁更难过了。

　　很快，宁宁的班主任发现了宁宁的异常，经过一番详谈之后，才知道，原来宁宁跟她的好朋友吵架了。宁宁这次期末考考砸了，想约好朋友出去散散心，不料她的好朋友没答应，宁宁觉得好朋友没有把她放在心上，甚至觉得人情冷漠，她自己根本就没有朋友，所以越想越伤心。

老师问宁宁，这样的情况为什么不跟妈妈说呢？宁宁嘟着嘴回答道："她是我的妈妈，她应该懂我的啊，可是她连我不开心都不知道，她就是一个失败的妈妈！"

在宁宁的心里，大家都过得比她好。身边几个要好的同学成绩都比她优秀，还有的是班里的班干部，受到老师的重视。同学们的家庭环境也比她好，他们有用不完的零花钱，他们的父母都懂得怎么去关心孩子。相比之下，宁宁觉得自己好可怜。她甚至觉得那个看起来不怎么努力，成绩却名列前茅的同学，肯定是靠作弊才能拿到这样的分数的。

总之，在宁宁看来，她的不成功，都是因为她太倒霉了。

why

宁宁，你所感受到的不幸，是真实的吗？如果你确定这些是真实的，那么你所谓的不幸真的来源于外界吗？当你向外去找寻幸福的源头，你是永远得不到幸福的，对于生命里所发生的一切，你并没有力量去应对，剩下的只有自怜了。这就是我们所说的"受害者心态"。

受害者心态并不是一种非常严重的心理问题，也不会当即就有行为反馈，这跟愤怒等情绪不一样。受害者心态在社会中很普遍，它是一种自我防御机制，大部分人对它都不陌生。

有着受害者心态的人会把所有的不如意归咎于他人，头脑的焦点就落在了"我是可怜的，我应该受到照顾"的念头上。他们时时困在"被伤害"的感觉里，就好像眼前砌了一堵墙，阻挡了自己发现幸福的目光。

受害者心态有几种表现：

第一，他们总觉得每个人都对自己有所亏欠，因为别人对自己不好，所以她（他）的伤心是合理的。她（他）应该得到所有人的关心和照顾，应该拥有他人的情感补偿，因为她（他）是可怜的"受害者"。正如宁宁你所认为的，好朋友就应该在你失落的时候及时陪在你的身边安慰你，否则她就不是合格的朋友；妈妈就应该理解你，懂你的心思，否则她就不是成功的妈妈……

其实这其中的逻辑，只要你静下心来认真思考，就能发现它的破绽。人与人之间，没有谁是应该为你的人生负责的，就连父母也一样。好朋友之所以成为好朋友，是因为你们的心很近，能给到彼此支持，可是好朋友也有她自己的烦恼，她也在经历着她自己的种种生活挑战，她是无法时时刻刻惦记着你、陪伴着你的。妈妈虽是你最亲密的人，生育了你，给予你无条件的爱，可是妈妈也无法知道你所有的心思，如果你没有准确地表达出你内心的真实想法，妈妈怎么清楚你的需求？

第二，怀有受害者心态的人会觉得其他人都比自己幸运，自己遭遇着各种各样的不幸，世界是多么的不公平。他们有句口头禅："我怎么这么倒霉？"这从表面上看好像确实如此。宁宁，你确实看到了身边的同学成绩比自己好，你也看到了他们争取到了班干部的职务，你看到了他们有很多的零花钱，并且得到了父母的关爱。是的，这都是事实。

那么，你可看到那些成绩比你好的同学背后付出了多少努力，他们需要有怎样的担当才可以履行好班干部的职责？他们有零花钱，而你也有着不愁吃穿用度的生活。他们得到了父母的关爱，而你的父母也用着他们全部的生命来关爱着你。你所看到的只是别人表面上的风光，却不知他们背后也有着说不完的艰难。你无限放大别人某一方面的优势，并"以己之短，比人之长"，通过各方比较"证实"了自己就是个倒霉鬼。这样的你，当然处处都只能感觉到挫败了。

第三，怀有受害者心态的人会站在道德的制高点去指责这个世界。想当然地认为是因为人心的虚伪和黑暗，才让自己陷入不幸的局面。"这不是我的错"，所以你无须为自己的失败负责。在这样的情绪困扰下，你就不用去做任何事情了，因为你有足够的理由去抱怨，自怨自艾。就像你认为那个成绩好的同学可能是因为作弊才能保持优秀，而你无法改变这个"事实"，所以你的落后就变得理所当然了。

这很显然是一个让自己不思进取的借口。眼见尚不能为实，何况你根本没有见过世间的所有黑暗。你逃避了自身应负的责任，在短时间的安心中失去了行动力，你所要面临的局面肯定会更糟糕，于是你再次埋怨，如此循环。如果你觉得自己没有力量，那么你永远都改变不了你的不幸。

其实现在只有一个问题，就是你不快乐，你无意识中执着于你的不快乐。无论你所认为的一切是真的，还是你的假想，你所不放过的只有你自己，而不是外在的人和事。没有强大的心态，你怎么可能活出一个充实的人生。

你甘心就这样认输吗？还是愿意站起来勇敢地进行挑战呢？

how

1. 对发生的事情转念

已经发生的事情是不会再改变的，就如一颗种子种在土壤里，会有无限的可能性，可是当它破土而出，开花结果时，这颗种子就已经消失，我们所能见到的只有这个果实。即使你不喜欢这个果实，你也无法把它重新塞回土壤里让它变回原来是种子。

是的，你可以接受你所经历的所有，只有接受了，我们才有机会重新种下种子，去创造其他的可能。例如，你错过了一趟火车，你很着急，因为你要赶着去外地参加一场面试。此时，你的选择是什么呢？坐在火车站抱怨，抱怨路上塞车，抱怨天气不好，抱怨出门的时候来的那一通电话？这样的抱怨不仅不能改变你已经错过火车的结果，而且会让你思维混乱，无法思考应对方案。

这时候，你要先接受眼前的困境，是的，你已经错过了火车，这是事实。然后，你要开始转念，积极寻求另一个办法，跟对方联系解释清楚并坐下一班火车尽快赶到，或者改乘其他的交通工具。无论如何，这总比你陷入受害者模式来消耗你的能量要强。

2. 列写感恩清单

我们都听过半杯水的故事。桌面上放着半杯水，正好你非常口渴，端着这半杯水，你会想到什么？会抱怨怎么只有半杯水，半杯水哪够你解渴？还是会感恩有人在你很需要水的时候给你提供了半杯水？

同样的事物，不同的心态会呈现不同的结果。受害者心态的人只会关注自己没有的东西，而忽略掉手中还握着的。这里有个练习，可以让我们把注意力回归到自己所拥有的一切，并对此感到开心和满足。

感恩清单的列写，是需要坚持的。每天固定在某个时间点，可以是清晨起床之后，也可以在晚上睡觉之前。从睁开眼睛的那一刻起开始回想，细致地找寻能让你感恩的人和事，关键要非常细致，否则你会因为没什么可写而放弃。

例如，睁开眼睛，看到洒落在窗台的阳光，感恩自己拥有着这难得的生命，要知道有多少战乱中的人连活着都是奢望；吃早餐时，可以感恩自己享用的这些美味的食物，要知道多少人忙得连早餐都没时间吃；出门看到大楼的保安，感恩他为了给予大家安全安心的家，如此尽职尽责……这样想来，一天可以记录的事情真是非常多。你在你的感恩清单上奋笔疾书，心中必然充满了幸福感。

此时的你，已经放下了你的受害者心态。你知道，你是富足的，是幸运的，你感恩着这一切。

3. 成为别人的英雄

习得受害者心态的人主要是因为内在的匮乏，把自己置身于弱者的位置，理所当然地接受着别人的同情和照顾。当那个拯救你的英雄没有如期出现的时候，你就会开始抱怨和自怜。

试想一下，如果你的情况刚好相反，你处在了强者的位置，正在竭尽全力去照顾别人，成为别人生命中的英雄，你还会有受伤的感觉吗？

留意出现在你身边的每一个人，像发掘宝藏一样发掘他们的需求。昨天你的同桌咳嗽了几声，今天你就递给她一盒润喉糖；你的一位同学说起明天要做值日来不及买早餐，你就主动把帮其买早餐的任务担下来……给别人惊喜是一件很快乐的事情，你所能得到的满足感，远远超过你在自我封闭中的任何感受。

这时候，你还有什么理由不去热爱生活，拥抱你的每一天？

4 解码攀比心理
——我得到的，要比别人更好

what

小迪近来常常问父母要钱。

上次是因为看中了一双名牌的鞋子，价格还挺贵。其实小迪的鞋子已经很多了，可每次只要一看到有哪个同学穿着好看的鞋子，他就想买。爸爸没同意，他就大闹了一场，差点连学都没上。最后爸爸还是妥协了。

这次是手机。小迪说同学们一起上网，都在评论谁的手机速度快，谁的手机拍照好看，谁的手机功能齐全。为了不落后于其他同学，小迪追求的手机也越来越高级。

还有买各种进口零食，买高档的自行车……小迪要的东西越来越多，理由总是：同学们都有，我如果没有，会被笑话的。

爸爸妈妈虽然也会教育小迪不要过于攀比，可为了不委屈孩子，还是会千方百计满足他的消费需求。同时，他们又会担心小迪因为形成了不正确的消费观而走偏。

小迪自己也会有迷茫的时候，为什么自己拥有了那么多好的东西，可还是感觉到不满足，不快乐？

why

早在 1943 年，美国的心理学家马斯洛就提出了人类的需求层次理论，其中尊重需求位于第四层次。人们都希望自己得到他人的尊重，希望自己的成就得到他人的肯定和认可。为了满足尊重需求，人们正向的行动，是通过奋斗提升自己各方面的能力，从而进入良性竞争。他们积极、自律、自信，也有很高的自尊感和价值感。负向的表现往往是爱面子、物质攀比等，他们消极地应对，而且越来越不满足，不快乐。

说到攀比心理，青春期的孩子都不会陌生。这个时期的孩子，自我意识越来越强，独立和依赖并存，对物质和精神的支配欲望也越来越强。他们对自身的存在感看得很重，在意别人对自己的看法，渴望被承认、关注、赞许，也就是要满足自身的尊重需求，而攀比心理也就随之出现了。

其实有与他人进行比较的心态是很正常的，有比较就会有动力，有动力就会有发展。可是这种比较一定要理智，而不是盲目的，不是一时冲动产生的偏执行为，也不会因此对自己、对家庭、对他人造成伤害。而攀比则不然。

习惯于攀比的孩子有几个潜台词，第一个是："虚荣"——"别人没有的，我都要有。别人有的，我就要更好"。他们会不断地索求，争强好胜，甚至超过了自身的能力范围，铺张消费，只以炫耀为目的，很少会考虑到物品的实用性。青春期的孩子经济来源主要还是父母，为了不断填补"虚荣"所带来的心理空洞，他们的攀比消费会越来越严重，给家里带来很大的负担。

第二个潜台词是"自卑"——"别人拥有的比我好，我就会矮人一截，会被别人看不起"。所以他们不停地追求名牌，攀比更高级的物质享受，这是对自己无意识的补偿机制。这些孩子只能靠他人的肯定和赞赏来巩固自己对生活的信心，他们认为，只有自己拥有了比别人好的东西，才能减轻自己的卑微感，才能得到群体的关注。

第三个潜台词是"嫉妒"——"凭什么他就能得到这么多，而我却没有"。当感觉到别人的优越性时，这些孩子会有一种紧迫感，从而产生贬低、排斥，甚至敌视的心理倾向，这就是嫉妒。为了消除自己的嫉妒感，他们想比别人得到的更多更好，也就有了攀比的行为。

青春期的孩子消费观和价值观没有稳定下来，确实很容易出现攀比心。而这个时期的孩子觉察力也在逐渐增强，是完全可以靠自己去看到攀比逻辑的不合理性的。

攀比不仅会加重家庭的经济负担，也会在一定程度上扭曲校园的人际关系。没有健康的心态作为支撑，同学之间的交往也只是虚伪的、不真实的。而攀比的心态一旦无限制增强，甚至可能会让自己走上不法的道路。

how

1. 形成正确的消费观

正确的消费观，其实是一种责任心的体现。当你明白你已到了需为自己、为家人负责的年龄，你就会有意识地练习控制自己的欲望，并且分清"需要"和"想要"的区别，而不是一味地纵容自己过度消费。

买你需要的基本物品，也可以适当买一些能让自己感到快乐的东西，但这个"想要"的部分一定要适度，量力而行。

你可以对自己每个月的消费制订预算，并对你手上的钱做出合理的规划。例如你每个月会有五百元的零花钱，你可以抽出一百作为日后大额消费的基金储存，两百可以用来买零食或玩具等，两百用来买学习用品或书籍。也许你有其他的规划，无论你是怎么打算的，只要你安排好手上的钱，就不会舍得为了满足攀比的心理而把钱随意花费掉。

当然，如果你的钱是用在帮助他人的事情上，那就更好了。你可以把消费预算分一部分出来，作为公益捐款。捐款的金额不需要太大，愿力比实际的数额更重要。

2. 做真正的自己

无论是虚荣、自卑，还是嫉妒，其实都是对自己的不接纳，不接纳当下你所呈现的样子，所以才这么容易受到外部环境的影响。那么，无论你买多少高档的东西，无论你看起来比多少人光鲜亮丽，你都无法享受你所拥有的一切，也无法得到他人真正的尊重。

为了对自己有更清晰的了解，你可以对自己的优劣点做一个客观的分析。准备一张白纸，左边一列写出你能想到的所有优势，右边一列则列出所有劣势，并且对每一个点都做出相应的意识处理。例如当你写到你家庭和谐，生活丰足时，在心里默默去感激给予你这一切的爸爸妈妈。反之，如果你的父母经常争吵，或者生活拮据，那么你可以暗暗做一个决定，接受这个现实，并让自己更加努力，终有一天你可以凭自己的实力去改变。

感激你所拥有的，你就不会无限制地放大欲望。接受你的不如意，可以让你正确面对生活，应对所有挫折。如此，你会明白，与其跟他人相比较，不如坦然面对生命的际遇，活出最真实的自己，这样的你才是真正的赢家。

3. 丰富精神世界

攀比的内在实质，是精神匮乏。因为精神匮乏，所以才会想办法证明自己得到的比别人多，以此来填补空虚。只有让你的精神世界丰富起来，你才能不去计较物质的得失。

当然，丰富精神世界方法就有很多了。你可以选择去学习一门艺术，来陶冶自己的情操；或者多读书、多游历，去扩大自己的眼界。阅读一些名人的传记也是一个不错的办法，名人之所以成为名人，必有过人之处，你可以在学习的过程中拓展自己的格局，学会在不同的广度和深度去看待世界。你所站的层次更高，你的思考维度也会不一样。

　　这时候的你，肯定不会再陷进生活的小攀比中，把生命浪费在这些无意义的事情里。

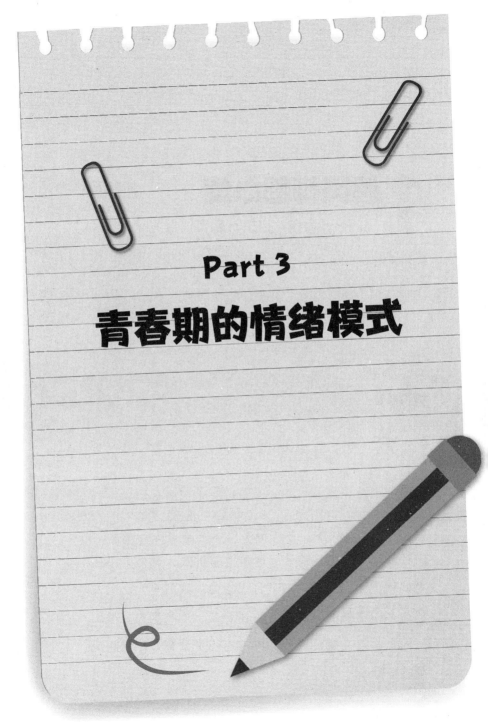

Part 3

青春期的情绪模式

1 解码抑郁心境
—— 自残？自杀？或者仅仅沉默

what

　　宁宁开始不自觉地流泪，那时，她正在明亮的课室里自习。没有人知道她为什么会哭，连她自己都不知道。

　　升上初三以来，宁宁越来越沉默寡言了。以前宁宁的成绩总是名列前茅，这是她的骄傲。随着升学压力的增大，宁宁感觉到学习很吃力，她似乎无法顾及那么多门学科了，成绩也一落千丈。她很努力，凌晨三四点都还在挑灯夜读，可是她还是没有办法阻止成绩的下滑。

她感到很绝望。已经持续半个月了，每天最害怕的就是起床的时候，明知道赖在床上上学会迟到，但还是不想起床。她一想到起床后就要去面对学业，她的心就往下沉，强烈的悲伤似乎要把她淹没了。甚至，她觉得自己已经不对升学抱有期待。

"我就是一个失败者，无论我做什么都没有用，我不可能争取到我想要的东西。"

"我没有未来，我也不配得到别人的关心，我的存在一点价值都没有。"

"我为什么会是这样的人，这样活着还有什么意义？"

……

宁宁反复在心里默念着这些话，越想越觉得烦躁。她开始吃各种各样的垃圾食品，那些东西会带给她短暂的安宁，与此同时，她的体重在短短半个月内暴增。她还整夜整夜地失眠，睡眠不足让她一天都很疲惫。

难受的时候，她就拿小刀在自己的手臂上划，一道道血痕赫然而见。身体的痛感会让她的心里好受一点，她喜欢上这样的动作，伤害自己能让她觉得安心。甚至，有时候，她会有结束自己生命的想法。

直到妈妈发现了她手臂上新旧交织的伤痕，才认识到情况的严重性。

why

抑郁是一种什么感受？在神话《吉尔伽美什史诗》中有这样的描述："阳光消失，昏暗不明；电光闪烁，烈焰飞腾。乌云低迷，大雨倾注不停。光消失了，火也熄了，掉下来的一切都化为尘土灰星。"就是这样的无力感，找不到光的彷徨和绝望。黑暗覆盖了整个世界，在里面的人心里充满了恐惧。

很多人对抑郁都有一个误解。当你感受到压力，心情低落，同时出现很多生活的问题，例如失眠，例如暴饮暴食，你可能就会给自己一个暗示："我患上抑郁症了。"这样的暗示会让你越发的消极，让你陷在抑郁的困境里无法自拔。

其实，对抑郁症的诊断还需要去医院进行专业的评估。抑郁情绪与抑郁症不一样，抑郁情绪是一种消极低落的状态，在一定程度上会影响人的生活。当今社会，人们经受着很大的压力和挑战，出现短暂的情绪问题，感到悲伤和情绪波动，这是很正常的。只要通过自我调适，发挥心理防卫功能，就会恢复正常。抑郁情绪是所有人都会有的体验，它不容被忽视，却也不应该被夸大。

心理学中的积极疗法理论还认为，一定的抑郁情绪并不是一件坏事。

它有利于提升解决问题的专注力，能让飞速的生活节奏暂缓下来，让人有时间去做出思考。而且对于悲伤的感受能让人更深层次地体验到爱，对他人产生同理心。但是这种抑郁情绪一旦过了度，就很容易演变成抑郁症。

抑郁症是一种心理疾病，表明人的生理和心理都出现了一定程度的问题。它持续的时间很长，还伴有一定的危险，无论病因如何，这时候，你都需寻求一些外部的帮助，并进行一系列的心理疗法和药物治疗。

对于抑郁情绪和抑郁症的界定是判断时间是否连续两周以上，宁宁，你这样的状态已经半个月了，有必要在家人的带领下去医院寻求帮助。

现在抑郁症的病患越来越低龄化，青春期抑郁更要引起全社会的重视。有人说，青春期的孩子年纪轻轻，又不愁吃不愁喝，怎么就这么矫情，患上抑郁症了呢？

实际上，青春期孩子所承受的，远远超过大部分成年人的了解。如宁宁你感受到的，现在孩子的学业竞争压力非常之大，无论出于什么原因，唯成绩论的看法还是普遍存在，人们因此也忽略了肯定孩子的生命价值。同时，全社会对成功的迫切渴望，使孩子的身心成长规律得不到承认，身上被贴上了各种本不应该存在的标签，如"叛逆""不上进"等。社会和家庭的焦虑感被转移到孩子身上，而他们又暂不具备很好的承受力和化解力。

　　所以，宁宁，你并不是一个人在前行，在你身边还有很多跟你一样的孩子，他们同样因为各种原因而感到悲伤和孤独。但是这样的抑郁并没有想象中可怕，当你做出决定积极去应对时，你会开启一扇新的大门，走出去，会看到温暖的阳光。

how

1. 应对思维缺陷的认知疗法

　　治疗抑郁最有效的方法是多种手段的合理叠加使用，如果你感觉到无法控制的绝望，甚至对生命产生厌恶，还是建议你要保证身边有其他人的陪伴，同时及时去找专业的治疗，药物是不可少的。而此处我们只谈论心理层面的方法。

　　大量实验证明，人的思维和感受是密不可分的，认知模式会直接产生相对的情绪效应。就像宁宁你在遇到成绩下滑时，你的自动思维就变成对自己的指摘责备，如认为"我是个失败者""我什么事情都做不好""我再努力都没有用"等，这些思维会让你产生强烈的羞愧感和其他负面的情绪。

　　其实每个人的经验都是有限的，你的认知肯定也是片面的。当你辨别出这些思维，并进行重塑，你的情绪就可能发生逆转。

首先你要找到让你感到绝望和悲伤的事实是什么，你可以列出一系列的清单，并且逐一地检视。然后找到触发你思维的内在原因。

大部分抑郁者都会出现自我批评的想法，把不如意都归咎于自己身上，并感觉到沮丧。此时，你可以设定你的目标，在特定的时间内去尝试各种各样的生活内容，例如社交，或者是写作、画画等。宁宁，你可以告诉自己："今天我要放开自己，我喜欢画画，我会在晚饭之前完成一幅素描。"另外，注意用自我鼓励代替自我批评，如"我终于完成了这幅素描，其实我真的很棒""我的今天比昨天更积极一点了，明天会再好一点，那么我就能快乐起来了"等。你还可以想想给自己一些实质的奖励，那肯定是更好的。

除了自我批评，有些抑郁者会出现反刍，也就是对过往发生的事情反复去回想，并且只关注到负面的信息。宁宁，你以前成绩确实很优秀，可如果你总在回味过往的优越感，来比较此刻的沮丧，那你永远跳脱不出来。或者你会沉浸在这些糟糕的感受里："我真的不敢相信我的成绩会落后到这个地步。""为什么这些事情会发生在我的身上。"……此时你的耳朵已经听不进其他的声音了，你在强调你的无助，甚至忽略了真实的世界。

你可以尝试从自己的大意识中抽离一个小意识，去观察你的这些想法。只是去看着它，不要做出任何的评判。然后去看这些让你困惑的过去，对你产生的实际意义。所有不好的事情都有可能产生好的影响，主要是看你怎么去看待它。宁宁，你以前成绩很好，说明你是有很强的学习能力的，并且你的基础也比其他同学好，这就是好事。如果你不经历成绩的下滑，你可能就会待在你的舒适区里，无法突破分数的天花板，你不会认真去思考自己的学习模式，去寻找更有效的学习方法……反刍并不能解决你的问题，可是如果你把问题转化为你的机会，这一切都会向好的方向变化。当然，当你反刍的时候，你可以尝试接受其他闯进你脑海的想法，并且转移注意力。

有些抑郁情绪的产生，可能是完美主义等原因。无论如何，认知疗法对此必然会产生积极的作用，此外还有人际心理疗法、精神动力心理疗法等，如果你有兴趣，可以更深入地去了解和学习。

2. 运动能让你快乐起来

如果你感觉自己就是积极不起来，也不愿意去尝试任何疗法，那么解决抑郁最有效的方式就是运动了。很多专家已经研究得证，大量体能运动能改善抑郁情绪。这些运动会提高大脑前额叶区的糖代谢和血流灌注水平，让抑郁者的专注力和分析力都得以提升。

那么，当你不开心的时候，你可以走出家门，到户外爬山或者跑步，这些运动都可以增加你的活力。如果你实在跑不动了，也可以去鸟语花香的自然界里散散步。悠然自得地散步能让身体释放出一种叫作内啡肽的神经介质，让你产生愉悦感。

当然，享受阳光和吃巧克力也会让你感到开心，唱歌、随着音乐舞动，这些都可以把你从抑郁中拉出来，不妨试试。

3. 打开与人交往的通道

你的人际关系和你的情绪是有很大的联系的。很多抑郁者是因为人际关系不佳才坠入到这种情绪里，例如与喜欢的人分手、跟父母关系不好……而抑郁情绪又会让你把自己封闭起来，回避跟外界的接触，以致自己的社会技能出现衰退。

这是一个负面的循环，要打破这个循环，只有强迫自己构建起自己的社交圈，即使你对此并不感兴趣，这就需要你自己用意志去抗衡。来吧，给你的朋友打出第一个电话，要知道，你的心理健康是由你每一个勇敢的行动构建起来的。

你可以选择接受别人的帮助，例如当你朋友给你送来水果和甜点时，打开门与他们一起分享这些美食。你也可以选择去服务他人，通过对别人表达关爱，来发现你生命的价值。

同时，去感谢每一个在你身边的朋友，他们的支持是你战胜抑郁的强有力的武器。

生命总有无限的潜能，你其实比你想象中的强大百倍。经历过黑暗的你，也一定能绽放出更美的花朵。跟自己说：加油，你一定可以!

2 解码焦虑情绪
——是什么触发了我的担心

what

冉冉读初三了，每次考试之前都会失眠，她总觉得自己会考不好，肯定有一些知识点没有复习到，或者考试肯定会因为粗心大意而被扣分。她反复在脑海里跟自己说，如果是这样可怎么办呢，我喜欢的老师会对我很失望的，我也会对自己很失望吧，万一中考也考砸了，读不上高中，我就太对不起我的爸爸妈妈了……

冉冉越想越睡不着，越睡不着就越着急，而休息不好就无法集中注意力，不能以最好的状态参加考试，因此她感觉自己这次考试肯定是不行了。

老师总说冉冉太紧张了，其实她正常发挥就好，可是她就是不相信自己。而且冉冉是个追求完美的孩子，她在班里成绩不错，却不满足于这个"不错"，她要求自己必须是最好的，是最让老师喜欢、也最受同学们欢迎的学生。当她发现自己的不完美，或者有可能不完美时，她就会感觉到很焦虑。

在冉冉的生活里，会出现各种各样的担心。参加羽毛球比赛会担心跟同伴配合不好而失利，患了感冒会担心感冒越来越严重以致于影响上学，跟爸爸妈妈约好放假去旅游也总会担心因为突发原因去不了。

大家都让冉冉放轻松，可怎么才能放轻松呢？冉冉也会告诉自己，不要去想那些还没有发生的事情，她所担心的一切未必会发生。可是冉冉越劝自己不要想，那种焦虑的感觉就越厉害。

why

其实，不仅是青少年群体，哪怕在成人的世界里，很多人都做不到以平常心去对待生活。每一个人每一天似乎都在高速地运转着，人们在这种节奏中追逐奔忙，并产生强烈的不适和不安全感。特别是心智正在发展中的青少年们，他们脆弱、要强，没有界限感，对不符合内心期望的人和事都容易出现过激的反应。这些反应有时会表现出来，有时会压抑在心里，如果他（她）不做出干预，就很可能发展成各种负面情绪。

对于人们来说，情绪就是一个预警系统，会让你在必要时得到保护。但是焦虑情绪就好比是过于敏感的预警系统，即使没有出现危险，也会给你的身体发出信号，让你感到惊恐和担心。你会不切实际地去评估和解读现实，正如冉冉一样，因为对考试的焦虑，导致自己的胡思乱想，再因为胡思乱想，让自己更焦虑，这看起来就像一个迷局，身处其中的你是否感觉到无可奈何？

焦虑的孩子都有自己的一套逻辑，局外人去看冉冉的逻辑，总觉得有点难以理解，甚至有点可笑。你只有自己了解了这套逻辑，才能找到打破它们的缺口。

首先，你对卓越的追求或者对他人认可的重视程度，直接影响了你的思维模式。焦虑的你会更容易看到事情消极的一面。你在预想考试失利后会遭遇的事情，你觉得父母和老师会对你失望，同样地，你担心感冒会影响上学，跟父母的旅游计划也会遇到障碍。而你所预想的这些事情，为什么就不能发展成好的结果呢？

有些成绩优秀的孩子，总是觉得自己名列前茅只是因为自己幸运，是因为那些比自己更强的同学的失误，或者是那些同学根本没有重视这场考试，才让自己暂时得胜。一切的美好都只是偶然和巧合，而自己一定不会是那个长期的幸运儿。这种消极的看法困扰着他们，让他们感到焦虑。

另外，焦虑的孩子会把这种消极的结果看得非常严重。冉冉会觉得自己一直处于失败的局面，甚至会中考失败，前途堪忧。

正是因为预警系统过于敏感，这些孩子们才会把那些"生命不能承受之重"提前摆在自己的面前，而又没有力量去化解它，只能让自己淹没在自己设定的无助感里。他们的大脑就像永动机一样停不下来，在不断地运转，反复去想着那些并没有发生的事情，这样怎能不焦虑呢？

曾经有这么一个案例。一个孩子常常胃痛，吃了胃药也没有多大效果，他觉得自己肯定患上了什么不治之症，于是上网去找寻结果。网上的各种信息扑面而来，他越看越害怕，也越来越悲观。妈妈带他去医院做了很多检查，都没查出什么病来。然而这个孩子却更害怕了，觉得连医生都没办法帮到他，他肯定是没救了。直到妈妈把他带到一位心理咨询师面前，通过一系列的干预治疗，他才相信是焦虑导致自己的胃痛。当他相信了之后，他的胃痛也就不药而愈了。

　　焦虑的他们就是凭着这么一点小现象，来假设出最糟糕的结果，从而把自己圈在了负面情绪之中。你有过这种情况吗，当你约了你的朋友，而他却没有准时出现，此时的你会想些什么？你会想"他只是塞车，或者出门的时候被一个电话耽误了时间，我再等等吧"，还是会想"他在约我的时候都会迟到，肯定是不重视我，我对他来说一点都不重要，我们的友谊很快就会消失了"，如果你属于后者，那么你可能已经被焦虑困住了。

　　当青春期的孩子发现自己的焦虑时，很多情况下都会采取逃避的方式，来应对那些诱发自己焦虑的事情。而且，他们会发现逃避真的可以让自己暂时得到放松，减弱那种紧张感和压迫感。正因为如此，他们会肯定这种方式对自己是有效的，并持续逃避，直到他们发现这种方式带来的后果为止。例如冉冉如果在担心羽毛球比赛失利后选择不再参加比赛，那她永远都无法在这项活动中得到成就感，也就有可能因此而错过了自己的天赋。

　　请拥抱一下那个正陷于焦虑的自己。

how

1. 分散注意力

　　当你感到焦虑时，不要对自己太粗暴了，如果你试图用意志力把自己从焦虑的状态中硬扯出来，那么你就如同在泥潭里挣扎的人，只会越陷越深。

心理学中有一个著名的实验叫"别去想那只粉红色的大象"。你也可以试试看，在之后的一分钟内，不要去想一头粉红色的大象，千万别去想一头粉红色的大象。

此时你的脑海里浮现的是什么，就是那一头奇奇怪怪的大象吧？你越是努力去挣脱焦虑，焦虑就越像这一头粉红色的大象一样纠缠着你的思绪。当你觉察到这点时，你要提醒自己，该停下来了，起身去做一些其他的事情来分散注意力。给自己倒一杯水，或者听听音乐，或者出门去超市买点小零食……

有一个小方法，你可以把你的焦虑写在一张纸上，诸如什么引起了你的焦虑，你的看法是什么，你的感受是什么等，把这些仔仔细细写下来。然后把这张纸条撕掉，家里有碎纸机就更好了，你可以看着自己的焦虑被自己处理掉，以此来减轻你对这份焦虑的执着。

2. 专注于当下的幸福

有人说，抑郁的指向是过去，焦虑的指向是未来。这两种负面情绪都是因为没有好好地专注于当下。焦虑的你给自己做出了太多关于未来的假设，所以属于你的幸福永远遥不可及。

有些人喜欢用"森林浴"来缓解焦虑，这个方法不错。当你焦虑的时候，走出家门，去到绿色植物比较多的地方，在自然的环境中感受清新的气息，就像在森林里享受"沐浴"一样。

绿色能让你感到平静和放松，从绿色的空间中出来，你才能用更清晰、更理智、更冷静的思维去面对那些让你烦恼的事情，这样你也就不会被焦虑牵绊着了。

对于孩子来说，绿色有利于青春期的身心发展。即使不是因为焦虑，也可以多去公园走走，那些青草和树木会有让你快乐的因子。

3. 养成规律的睡眠习惯

随着学业压力的增加和手机的盛行，青春期的孩子睡眠时间越来越少了。睡眠不足基本就是当今青少年中的一种普遍现象，也是引起孩子们各种负面情绪的重要原因。

所以在治疗焦虑的过程中，养成规律的睡眠习惯就成了必要手段。人体褪黑素的分泌决定了睡眠模式，有助于调节昼夜节律，你要找到自己的睡眠生物钟，并且严格执行。在应该入睡的时间段里，千万不要去碰手机，也可以跟老师和家长商量明天再补那些未完成的作业，相信老师和家长是可以理解的。

保证你的睡眠时间，早睡早起，这样可以增强你应对焦虑的能力，让自己的生活越来越健康。

3 解码愤怒情绪
——打架可以消解愤怒吗

what

小龙跟同学打架了，就在今天上午。

老师把小龙的妈妈请来了学校，家校双方一同对小龙进行了教育。小龙低着头，却丝毫没有悔改的意思。

"他抢了我的篮球，他怎么可以这样，绝对不可以，我要让他尝尝我拳头的厉害！"小龙咬着唇，从嘴里狠狠地憋出了这么一些话，"他就是这么霸道的，从来都是一个小霸王，总抢我的东西，这对我不公平！如果我不打他，他以后都会这样地欺负我，那我就更没有好日子过了！"

其实，小龙已经不是第一次与同学打架了。妈妈还记得，上次打架是因为小龙觉得班里的同学有个小团体，而他自己却不在其中。他觉得很生气，他认为同学们应该对他更亲切主动一点，而不是在玩游戏的时候不叫上他。

妈妈为此跟小龙沟通过很多次，可是小龙还是排解不了那些突如其来的愤怒情绪。其实，当气头过了后，小龙也会感到很懊恼，可问题到底出在哪里呢？

why

小龙，我想跟你讲一个关于"笔"的故事。

如果我手里拿着一支笔，来到你的面前，你肯定会在第一时间认出它是一支笔。而这个时候，如果有一只可爱的小狗跑过来了，我拿着笔去逗它，小狗会做什么呢？也许，小狗会咬着笔来玩，把笔当成是磨牙玩具。那么，小龙，你能告诉我，谁是对的呢？你把这个物体看成笔，小狗把它看成磨牙玩具，谁是对的呢？

聪明的你一定明白，你和小狗都是对的，你确实可以用它来写字，小狗也确实可以咬着它来玩。在这个故事里，你们都是对的。我不会去责怪小狗咬着笔玩，小狗也不会因为你拿着笔去写字而生气。

所以，在任何让你生气的事情里，谁是对的呢？你，还是对方？

其实，影响我们情绪、让我们愤怒的，很多并不是来自外界的人和事，而来自我们对事物的观念。如果真的是外面的人和事让我们生气了，那么对于同样的事情，所有人的反应应该都一样啊。

例如，在学校，因为班里的同学调皮，导致全班被老师放学留堂了。有的同学可能会很生气，心里暗暗埋怨，埋怨那些调皮的学生拖累了全班，埋怨老师不是只惩罚那些犯了错的学生而是惩罚全班。有的同学呢，可能会后悔，如果自己可以在他们调皮时劝阻了他们，现在就不会全班被留堂了。或许还有同学会暗自开心，留堂的时候可以把作业完成了，回到家就可以开开心心去玩啦……

你看，对同一件事情，不同的人有不同的感受，这并没有对错可言。实际上，无论你做出什么努力，忍耐还是攻击，你都无法改变那个让你愤怒的事实。但是，幸运的是，你可以通过改变自己的信念体系，从而改变自己对事情的反应。

"理性情绪行为疗法"之父阿尔伯特·艾利斯曾总结过导致人愤怒的几种非理性信念。如果你可以在此一一对照，就会清楚你的观念里导致自己无法抑制愤怒的原因。

第一个是绝对化的要求。在你的观念里，你觉得同学们必须要对你亲切点、主动点，他们必须是和善的，不会招惹你的。而实际上，同学们是有选择的权利的，正如你有选择的权利一样。

第二个导致愤怒的看法是过分地概括化，以某件事的结果来评判一个人。小龙，你在抢篮球的事件里得到的结论是，对方就是这么霸道，从来就是一个小霸王。你已经给对方贴上了标签，贴上了一个让你愤怒的标签。

第三个是糟糕至极的想象。小龙，你想象着，如果你不还手，以后就总会受到欺负，从而扩大到"不会有好日子"的定论。而事实上，真的是这样的吗？如果你处处与人为善，而不是用拳头去还击，真的会发生你想象的"不会有好日子"的结果吗？

综上而言，小龙，让你愤怒的原因，只是你对外在事物的非理性的认知。只要你可以对着这些原因去逐一改变自己，你就能慢慢减少愤怒。当然，到了那时候，一般也不会有什么事情可以让你愤怒了。

how

1. 认识到愤怒造成的代价

你知道吗，当你生气，并且用语言和拳头还击时，你正在迅速破坏你身边的所有关系，你和同学的关系，你和父母的关系，甚至是你和老师的关系，都将因为你的不理智而受到损伤。

另外，你的愤怒会影响你平静的意识，让你无法正常思考，无法正确判断和处理问题。所以，事后，你会懊恼，因为你也知道，被愤怒遮蔽了双眼，你所做出的反应肯定会让事情变得更糟。

还有呀，你的愤怒会让你陷入一个恶性循环的圈子里，它会让你产生失控、恐惧、内疚等负面感受，也会让你在与别人相处时失去自信。

你是否发现，当你以这种暴力方式去处理事情时，你身边会有越来越多的人和事让你生气，让你感觉越来越不顺？

2. 按下"暂停键"

其实愤怒是每个人都会有的情绪，愤怒的存在并不是不合理的，我们也没必要为我们的愤怒而感到羞愧。

当你愤怒时，你确定你真的要还以拳头吗？好吧，你可以先允许自己有这样的反应。这里有一个减弱愤怒冲击力的方法，就是在你感到心跳加速、精神紧绷、怒火上扬的那一刻，给自己按一下"暂停键"，可以做一个深呼吸，倒数十个数字，再去做出还击。而在这十个数字的时间里，你就会给自己种下一颗种子，让自己在下次遇到同样的事情时可以"暂停"二十秒。以此类推，慢慢地，"暂停"的时间会越来越长，直至你可以在"暂停"里就让怒火自然消散。

怎么才能"暂停"呢？你可以把注意力集中在你的呼吸里，关注到你的腹部在起伏，然后去数一呼一吸的次数。当然，你还可以做一个"紧松"的练习，把手握成拳头，想象你的怒气被集中在你的拳头上，再握紧一点，再紧一点，当感觉到力气已经用完时，就慢慢地松开拳头，并伸展手掌，同时想象你的怒气也被放开了，慢慢离开你的身体。

这样的练习你可以多试几次，一切都会有一个渐进的过程，相信你一定可以成功把怒气永远停留在"暂停"的时间里。

3. 自他互换

也许通过以上的练习，你已经可以成功压制住怒火，不让它当场爆发。但是我们的目的不是压制，而是真正懂得放下愤怒。

这里有一个练习，名为"自他互换"。做这个练习的前提是，你已经不会再有冲动要立刻用拳头去宣泄你的愤怒，你要带着想要去理解对方的善良的愿望，把自己的角色转化为他。这个听起来有点难，可是这会让你的情绪慢慢平和下来。

你可以尝试把你的意识换到对方的身体里，身临其境地去理解对方的真实感受。如果你是他，你是否会有所期待，是否也会有恐惧和焦虑，是否也希望能顺利解决问题而不是使用暴力？

当你站在对方的角度去思考所发生的一切，你会开始跳出那个以我为中心的思维模式。那么，你就能明白你的愤怒是多么的无意义。

你看到的笔，小狗看不到，同样，小狗看到的磨牙玩具，你也看不到，但是，你们都是对的。小龙，只要你反复思考这个故事，摒除那些非理性的观念，你一定可以应对你心里的怒气，请相信自己一定可以。

解码讨好型模式
——我是任劳任怨的老好人

what

同学们都说，小雪是一个无可挑剔的大好人，做得多，索取得少，大家都喜欢跟她在一起。只要别人有任何的要求，哪怕她自己再没有时间，或者再累，都几乎不会拒绝。

每次有同学向她借文具，小雪都会很乐意借出去，即使别人不还，她也不会去追回。有一次，一个同学问她借钱买零食，她就把自己的午餐钱全掏给了同学，那天中午，她连饭都没吃上。妈妈知道后问她为什么宁愿自己挨饿也把钱借给同学，她说："不好意思拒绝啊！"

正因为她的"不好意思拒绝",越来越多的同学或朋友来找她求助。班里做值日的同学不想做了,就找小雪,小雪肯定二话不说帮他把值日做了。老师都感叹小雪这个孩子太"懂事"了,最后还是会苦了自己。

小雪的每一天都会用大量的时间去帮助别人,以至于在学校没办法去完成自己的作业,拖到了晚上才去做,所以总是不得不熬夜。她确实感觉到很疲惫,可是顶着一个"乐于助人"的称誉,她还是不会去拒绝任何人的求助。

一开始,大家对她的付出会表示出感谢和抱歉,可是慢慢地,就习以为常了,甚至觉得她就应该这样去为别人服务。为此,小雪感觉到万般的委屈和苦恼。

why

我们都希望看到这样一个"懂事"的孩子,他们比大多数同龄人更成熟,更懂得承担,更愿意吃亏。这本来都是很好的品质,却为什么会有一些"懂事"的孩子无法拥有属于他们幸福的人生?这里的关键点就在于,你在助人的过程中,是否能感觉到快乐。

助人之所以能为乐,是因为助人者的内心就是丰盈的,充满了爱和安全感,在帮助别人时,不需要靠外界的

　　肯定来满足自己的感情需求。这是一个双赢的行为，彼此之间可以相互滋养。

　　可是，那些"老好人"们即使在努力助人的过程中，还是能感觉到那个蜷缩起来的自我，他们以牺牲自己的方式去成全别人，以讨好身边的人的方式来得到支持和认可，"老好人"们隐藏起自己真实的想法，活成别人喜欢的模样。所以无论怎么努力，心里还是有着莫名的委屈。这就是我们所说的讨好型人格。

　　讨好型人格的孩子总是觉得不好意思去拒绝别人，即使对方的请求会影响到自己的正常生活，也会习惯性地去答应，哪怕把自己弄得筋疲力尽。小雪宁愿自己挨饿，也要把钱借给同学，即使自己很累，也要去代替别人做值日。你谦卑、低调，却又渴求着别人的感激或者回报，这样的付出本身就是不应该的。你虽然不会当面表达你真正想要的，可是在你的内心却积压着许多的愤怒，当你在试图维持身边和谐的气氛时，你的愤怒会暗暗地把你灼伤。

　　是的，你非常看重别人对你的评价，并以大众的标准来塑造自己和认知这个世界。所以当你得不到别人的认可，或者遭遇到他人的否定时，你会感到惶恐和自责。你考虑的是，自己到底哪里做得不好，为什么不能让别人满意，而不是去考虑这个事件是否合理。就这样，你把自己看得很轻，而倾向于去抬高他人。你一旦看到对方情绪不好，就会担心对方是不是对自己有意见了，是不是不喜欢自己了，这样的考虑会促使你做出更多妥协和讨好的行为。

讨好型的孩子很少会有自己的看法，即使是自己的人生，都是交由他人去安排。这一路走下来，读什么学校，学什么专业，甚至长大后做什么工作，都不是由自己的意愿决定的。就连平时的小事，例如周末去爬山还是去游乐场，跟朋友聚餐时点什么菜，他们都只会去附和别人，因为在他们的认知里，随大流是最安全的，不会被反驳，不会得罪人。

但是，就算讨好型孩子再怎么以伤害自己为代价来取悦别人，他们的付出都总是会被忽视。没有人会喜欢一个待在囚笼里的人，你的脆弱和卑微让你看起来非常的无力，你的委曲求全更会让身边的人感到压力而对你敬而远之。可是，你在自己的讨好模式里并不自知，你不明白为什么你这么努力都无法得到爱。

著名的心理学家荣格说："你没有觉察到的事情，将会变成你的命运。"你可以一直"懂事"，但是你如果无法觉察到自己所受的苦是来自于哪里，而把原因简单归于外在的人和事，那么你只能无力地去承受这些苦，并让其成为你的"命运"。所以讨好型的你要找到冲破束缚的力量，这样你才能得到真正的爱。

how

1.爱自己，学会拒绝

每个人都会在"被需要"中获得满足感和价值感，父母因为被儿女需要而能释放更多的爱，孩子因为被父母需要才能更快地成长起来。你在与别人交往的过程中，因为"被需要"而感到快乐。

但请你不要忘记，你也被你自己需要着。你通过自律，来让你自己的身体保持健康。你通过学习，来拥有立足社会的能力。因此你要为自己每时每刻的状态负责。当你无法保证自己能吃到午餐的时候，请你不要把钱借给别人，除非对方没有你的帮助会处于更危难的境地。

学会拒绝，不要感到抱歉，特别是面对一些不合理的请求时，要告诉对方，你已经努力过了，可是没办法完成。

你要开始学习如何爱你自己，把你积攒起来的零花钱拿出来，给自己买些小礼物。在帮助别人的过程中感觉到挣扎的话，请按一下暂停键，先想想还有没有其他两全的办法既能让对方解除困境，又不会为难到自己。例如，你是需要保留住你的午餐钱的，但如果借钱的同学真的很着急用钱，你可以陪着他一起找老师寻求帮助。总之，办法肯定是有的，爱别人的同时，也要爱着你自己。

2. 停止主动讨好

有些孩子会试图通过经常性地请同学吃零食，来维持自己跟同学之间的友谊。这样的讨好，是不可能得到别人的尊重的。你即使靠这种行为融入了同学们的圈子里，你所获得的友谊也是不牢固的。依赖于你的讨好而留在你身边的人，也不值得你去珍惜。

你想过吗，当你穿上你给自己买的一件漂亮的衣服，走在人群中让他人赏心悦目，也是一种助人。你的快乐，你的幸福，本身就是有益于这个世界的。要用正常的方式去和别人交往，停止主动讨好，拥有你自己的立场，尊重你自己此刻的感受。有一天你会发现，就算你没有去刻意迎合，你的身边也还是会围着一群真挚的朋友。

爱不是乞求来的。放轻松一点，当爱开始流动，你才能真正地感受到它。

3. 培养内心的富足感

讨好型人格最主要的形成原因，就是内心的匮乏。当自身的能量无法填满心中的那个洞时，你才会想着向外界寻求补救。

所以，培养你的富足感，让你的心强大起来，你就不会再受到别人的影响。

找到梦想，是充盈你内心力量非常有效的办法，要去多方尝试各种的兴趣，找别自己的天赋所在，并往这个方向努力。在奔跑的过程中，你会发现，无论风雨，你都不需要通过取悦别人来求得一把伞，因为你拥有了比这把伞更重要、更有价值的东西——梦想，并且，在追逐梦想的道路上不断前行，改变命运。

5 解码诚实品质

——说谎背后的不堪重负

what

晓飞每个周末都会约上同学去图书馆学习，为此，妈妈非常开心。

妈妈一再告诫晓飞，初中的学习是很紧张的，一点都不能懈怠，不能浪费时间。显然晓飞是听进去了，所以一到周末，他就会背上书包去图书馆，一大早出门，直到晚上才回来。看到儿子这么勤奋，妈妈感觉到很欣慰。

直到有一天，一位朋友给她打电话，说是每个周末都会看到她儿子晓飞和一群同学围在公园的角落打游戏，她这才知道，原来儿子说去图书馆是骗她的。

那天晚上，在家里等着晓飞的，必然是一顿咆哮和棍棒教训。

然而，妈妈没有想到的是，晓飞说谎的次数越来越多了。他把考试卷藏起来，告诉妈妈这次考试老师没有发卷子。他说学校要交钱统一购买辅导书，实际上却把这些钱全用来买零食和买游戏装备。他因为不想上学，而谎称自己肚子痛……

妈妈很生气，扯大了嗓子问晓飞："你现在怎么变得这么坏，怎么总是说谎？"

"我就是一个坏孩子！"晓飞抹了一把脸上的泪水，同样愤怒地对着妈妈吼道。

why

小时候，我们都听爸爸妈妈讲过《狼来了》的故事。放羊娃三番两次用"狼来了"的谎言戏弄农夫们，让大家都不再相信他；等到狼真的来了，已经没有人会去救他。

我们从小受到的教育是，说谎的孩子是很坏的，大家都不会喜欢，到了最后只能自食恶果。

谎言是洪水猛兽，让人深恶痛绝，真的是这样吗？

如果你听到有人跟你说，他从来都不说谎，那么这本身就是一个谎言。无论是谁，无论善意还是恶意，无论谎言大小，每一个人都会有说谎的经历，他们对别人说谎，甚至对自己说谎。所以晓飞，你先不要急着给自己贴上"坏孩子"的标签，也不该过于激烈地用道德来抨击自己。

但是，说谎确实会对你的人生造成不良的影响。你以为说谎会让你达成某种目的，满足某种需求，实际上这些都是短暂的虚像；从长期来说，谎言必定会使你的生活变得更糟，特别是当你已经习惯了它，把它当成一个合理的生存手段时，你就已经步入了歧途。

那么，我们应该撇开非此即彼的态度来看待并应对这件事情。

话说回来，我们都知道，说谎对青春期的孩子来说，真不是一件轻松的事，你小心翼翼，费尽心机，还要承受着很大的心理压力，怕被父母和老师发现。可是，为什么即使这样，孩子们还是会选择用谎言来应对生活？我们只有真正了解他们说谎背后的原因，才能一起从这个旋涡中跳脱出来。

首先，孩子说谎往往出于自我保护。当孩子处于恐惧中，很自然就会用谎言来维护自己，让自己免于责罚。例如孩子打破了爸爸心爱的花瓶，因为害怕被爸爸骂，只能谎说是家里的猫打破的。人们都有趋利避害的心理，都不愿意去承担负面的后果，于是本能地去掩藏事实真相，这个可以理解为被动谎言。所以当晓飞考试不理想时，会谎称老师没有发卷子来逃避爸爸妈妈的唠叨和责骂。

其次，青春期的孩子说谎，可能是为了争取某种自由或某种利益。这个时期的孩子独立意识非常强烈，可是又为生活能力所制约，必须要依赖于父母和老师，所以他们的内心形成了错综对立的矛盾和冲突。特别是如果孩子的父母掌控感比较强的话，他们就更想挣脱。正如晓飞你渴望得到打游戏的自由，但不想与妈妈正面冲突，你希望可以维持自己"听话"的样子，于是选择了说谎，告诉妈妈你是去了图书馆。这个与上述的被动谎言不一样，说谎成了你主动的手段，所以更危险。

另外，孩子说谎可能是为了满足自己的虚荣心，维护自尊，从而让自己在同学们当中显得更强一点。美国心理学家费尔德曼说："我们发现，一旦人们感到自尊心受到威胁，他们就立刻开始撒谎。"青春期的孩子很好面子，时时想表现出优越感。晓飞希望拥有更高的游戏等级，以获得同学们的仰慕，他拿父母的钱去买游戏装备，但是不敢以这个理由去问爸爸妈妈要钱，于是就说拿钱去买辅导书。如果人过分在乎别人的评价，而自己又没有能力，谎言就会产生。

还有一些孩子说谎是为了保护自己的隐私。青春期的孩子对于自己的隐私是非常重视的，他们希望拥有自己选择的权利，希望自己的决定能被他人特别是长辈们尊重。而当他们意识到如果自己说了实话会被人窥视到隐私，甚至会因此受到责罚时，他们会选择用说谎的方式来保护隐私。

说谎的原因还有很多，例如青春期的孩子恶作剧的心理、从众的心理、叛逆心等，都会让谎言出现。但是青春期的谎言一般不涉及很深的城府和巨大的利益牵扯，它可能是孩子成长过程中探索世界的必经阶段，只要早做干预即可。

所以，若你理清了你每一次说谎行为背后的意图，而这些意图都能被你看见和允许存在，那么你就可以开始改变自己的问题行为。

how

1. 明白谎言的危害

青春期的孩子的认知水平和推断能力都在急速发展中，有些孩子编造谎言的能力也越来越高明，这会让他得到一个错误的信号，就是谎言能让自己更成功。从而，他会慢慢不愿意再去担当，也失去奋斗的动力，他的脑子里充满了"如何通过谎言来获取想要的东西"的念头，而不是"如何提升能力来追求梦想"。甚至会不惜以伤害他人、伤害自己为代价，那么，他的未来可想而知。

而且，谎言会让你的人际关系出现信任危机，就如《狼来了》的故事所启示的，当你经常说谎时，你身边的朋友都不会再相信你，你说的话也不会再有影响力。久而久之，即使你说的是实话，也不会得到任何的回应。用谎言建造一个荒岛，会让你孤立无援。

再说，习惯可以改变命运。一旦你习惯了说谎，那么纠正过来就很难了。谎言就如烟酒一样，会给你提供一个舒适区，让你形成一个固定的行为模式和思维模式。而后，你明明知道自己这样说谎是不对的，会造成恶劣后果，可你还是会不自觉地去说谎，一发不可收拾。每一个谎言之后，你都要用无数的谎言来掩饰，这样一来你就会把自己置身于一个压力网里，再也逃脱不出来。

所以无论出于什么原因，谎言都是断不可取的。

这里给你的建议是，当你的谎言要脱口而出时，你要停下来一分钟，就给自己一分钟，做一个深呼吸，设想一下如果你说了实话，你将要面临的处境是否真的那么无法承受，是否比上述谎言的危害更加让你难以承受。也许你还是会选择说谎，但是，慢慢地，你会发现你说谎的次数会越来越少，你在让自己成为诚实的人的路上努力挣扎

Part 3 青春期的情绪模式

着，这已经是成功的开始了。

2. 建立信任系统

你对待他人的态度，正是他人对待你的态度。建立起相互信任的网络，这是解决谎言的最有效的办法。如果你确信每一个人都会喜欢真实的你，如果你确信只有保持诚实才能真正得到别人的尊重，如果你确信你说了真话后你面前的这个人不会真的对你造成伤害，那么，你就不需要用谎言来伪装自己。同样，当你放下了谎言，身边的人也都会对你全然信任，想一下这会是多么美好的画面。

信任是一种核心能力，它所对应的怀疑其实是一种内在的不安全感。这里有一个小练习，你不妨试试。用一周的时间去适应，对于每一天醒来之后所遇到的任何人，他们所说的任何话都无条件相信。例如路上见到一位乞丐，以前的你会在给乞丐钱之前，判断一下这个乞丐是真的需要帮助，还是所谓的职业乞丐。而现在，不要去考虑这些，每一次见到乞丐，都无条件相信他。这样的相信不会让你有很大的损失，但可以强化你的善良。

如果你真的无法相信你眼前的这个人，你的内心有很多挣扎的声音，那么就用本子把它记录下来。一周之后，你看看你的本子上有多少笔记。其实，你会发现，你的本子并不会记录多少，人与人之间的信任比你想象中多。

多做信任的练习，来改掉你说谎的习惯。

3. 编写新的故事

回想上次你说谎的情景，在脑海里把这个故事重新编写，给自己一个从头再来的机会。

当你想周末跟同学去打游戏，你不再选择跟妈妈谎称去图书馆，而是直接跟妈妈表达你的需求，你觉得妈妈会有什么反应？她可能会很强硬地拒绝，并且教训你几句。这时候，你可以尝试去跟妈妈做沟通，估计你从来没有做出过这样的尝试吧？

有时候，说谎是因为误会，只有沟通顺畅了，误会才会得以消除。让妈妈理解你的需求，前提是，你的需求是合理的。你可以打游戏，但不能一整天打游戏。你可以跟妈妈达成协议，上午你认真完成作业，专注于学习，下午你就能拥有放松的时间，去运动、看小说、打游戏都可以。

这个故事编写到这里，结局会是怎样的呢？当你真诚地面对生活中的人和事，结果会不会出乎你的意料？

同时，你要给自己多一些鼓励和赞许你选择了正面的做法，而不是谎言。你选择了积极主动的人生，而不是阴暗的。你突破了自己内心的关卡，这是非常不容易的。

看，你做到了，你真的很棒！

Part 4

青春期的多重关系

1 解码亲子关系
——父母是我不愿意服从的权威

what

小韬每天下午放学后都不愿意回家，不是跟同学去打篮球，就是在教室里写作业，每次都是到天黑学校保安清场，才慢吞吞地收拾书包回家。

小韬回到家吃过晚饭，就会把自己关在书房里，爸妈想跟他说说学校的事情，他都是一脸不耐烦。他觉得父母的观念已经落后了，跟他们没什么好聊的，而且他们之间一说话就会争吵，感觉很烦人。

平时父母让他做什么他都不听，花钱给他去补习班他就逃课，买衣服给他他也会嫌弃。有一次爸爸劝他去做作业，不要总打手机游戏，他不听，结果爸爸把他的手机没收了，他为此一个月没跟爸爸说过话。

小韬跟同学们聊天，说起自己的父母，也都满是抱怨，抱怨他们太啰唆，抱怨他们太强势，抱怨他们不关心自己的想法。前几天，学校搞艺术节，班里很多同学都报了节目，小韬看着同学们都有各种各样的特长，什么钢琴、古筝、跆拳道、演讲等，他却什么都不会，觉得很尴尬。那天回家，小韬就跟父母发了一通脾气，他冲着父母吼叫着："别人家的孩子都是从小就培养兴趣爱好，考个级拿些证书什么的，就你们不管我，让我现在什么特长都没有，连个艺术节也参加不了，被同学笑话。"

在小韬心里，就是有着很多对父母的责怪，而这些责怪从何而来，可能连小韬自己都不知道。

why

总是听到很多父母在感慨，自己的孩子到了青春期就开始叛逆了，说什么都不听，脾气也大，他们以前可不是这样的。

而孩子们同时也在抱怨自己的父母，他们认为父母专制不讲理，不尊重自己的想法，不关心也不理解自己的需求。双方总因为一些小事就陷入了僵局,彼此的关系也越行越远。所以,为了吸引父母的关注,也为了对父母做出惩罚,孩子们表现出愤怒、委屈、伤心的情绪,甚至可能故意对父母做出过分的行为来让他们难堪,例如离家出走、抽烟喝酒、玩手游泡网吧等。

难道爱会消失吗?

当然不会,在父母和孩子之间,爱是本能,基本不会因为任何事情而磨灭掉。

如果真的是这样,那么青春期的孩子为什么会与自己的父母产生隔阂和冲突呢?

其实,在这些故事里,并没有对与错的分别,双方都有自己的逻辑,都按照自己的认知去处理这时期的关系。只是青春期确实是一个比较特殊的成长阶段,而大部分的父母却还停留在过往的教养经验里,这就是我们常说的"代沟"。代沟造成了亲子间的疏离,在这强烈的碰撞下,双方都会感觉到受伤。

青春期的孩子自我独立意识非常强烈,小韬,你不仅渴望被看到、被接纳,还要求身边人把你当成成年人来对待。你需要话语权,讨厌被指挥,所以对父母的权威感到非常厌恶。但是你的认知能力和生活能力都处于半成熟的状态,你还需要父母的支持和保护。当你感受到这一点时,常常会产生强烈的挫败感。为了做出心理补偿,你会把矛头指向父母，抱怨、指责甚至做出一些不可理喻的行为。因为你清楚，无论你怎么过分，最终都可以得到父母的原谅，这个"可恶"的爸爸妈妈，是世间唯一不会放弃你的人。

可能连你都没有觉察到，与父母的对抗会成为你最大的压力，这种排斥心理会随着你的成长慢慢烙印在你的潜意识中。当你对父母有所怨恨而不愿意去接受他们时，你的生命能量会被削弱。这一切都会影响着你的一生，你不会得到真正的幸福，即使到了你长大之后。

你对父母的愤怒，会带至你方方面面的人际关系里，你会对身边所有的人表达你的愤怒。你对父母的轻视，会让你成为一个傲慢、没有共情力的人。你憎恨父母的控制，于是就学会了武断和暴力。相反，如果你与父母的关系良好，你也就会记住这份丰盈的感觉，无论你以后事业和生活如何，你都能轻松得到富足的喜悦。

但是，请注意不要过度解读这个联系。现在有一些人总把自己的失败归咎于原生家庭，把自己的不如意归咎给父母，这是另一个极端。有些脾气暴躁的人会埋怨这是因为父亲脾气暴躁影响了他，有些自卑、软弱的人会埋怨这是因为父母不关心自己……

你能分清自己和他们的区别吗？是你对父母的愤怒

造就了一个脾气暴躁的你，而不是父亲的脾气暴躁影响了你。原生家庭无法为你背锅，需要对自己负责的是你自己。

总之，你与父母的关系是你与一切关系的本源。有这么一句话："父母并不是活在你之外，而是在你里面。即使你的身体已和他们分离，即使你已长大成人，他们仍活在你的内在。"这就是根之所在。

然而，青春期的孩子还有一个特点，就是更看重此刻的自己。即使你明白了对父母的排斥是如何伤害到你的，你可能还是不愿意放下与父母的抗争，你觉得放下了，你就输了。所以你给每一次的冲突都冠以非常合理的理由，来证明是父母的错，自己不需要为此承担责任。

那么，此刻，你可以好好考虑这样一个问题，你是希望永远与父母处于冰火两不容的状态中，跟他们吵架，让你们的每一天都过得不开心，还是想改变现状，修复好与父母的关系呢？如果你想重新获得一个和谐的亲子关系，那你可以从此刻起改变你的思维方式和行为模式，并为此多付出一点。

how

1. 理解和感恩

　　某电视剧里有一句这样的台词，是一位爸爸对自己的女儿说的。他说："请原谅，爸爸我也不是一生下来就是爸爸，爸爸也是第一次当爸爸。"这话听起来让人心酸。

　　在你埋怨父母的时候，你可曾想过，他们在父母的这个角色里，也曾很努力地学习。他们是真的爱你。他们愿意把最好的都给予你，也许他们不懂得如何表达，让你感受不到温暖和支持，那也只是因为他们没学会怎么去把这份爱传递给你。他们也有他们的不足之处，有时候会忽略你的需求，还会由于自己的不足带给你不开心。

　　聪明如你，是否能感受到其中无法两全的艰难？

　　我们不是完美的人，同样，父母也不是。接纳父母的不完美，如同接纳你自己的不完美一样，这样你就可以爱他们如爱你自己。

　　我们可能已经忘记爸爸妈妈怎么搀扶着我们走出人生的第一步，已经忘记在我们牙牙学语时爸爸妈妈怎么教我们说第一句话。可是，我们一定还记得，在我们生病时，爸爸妈妈对我们无微不至的照顾。或者，你只记得父母是生养你的人，这还不够吗？

　　如果你能感激父母给予了你生命，并把这份感激常怀心上，那纵然你还处于强烈排斥的状态，你依然会愿意改变对父母的态度和与他们的相处模式，哪怕只是改变一点点。这可能很难，尽力尝试让自己不被情绪所牵绊吧，这是你人生的功课。

在人与人的关系里，对方或许并不是最重要的，重要的是你对他们的态度、你的认知，还有你处事的方式。

2. 和平沟通

总会看到一些场景，父母在教训孩子，孩子要不撇撇嘴不予理睬，要不就大发脾气。这样的沟通方式无法让父母达到教育的目的，也无法让孩子得到父母的理解，最后只会两败俱伤。

有时候青春期的孩子根本不愿意向父母说出自己的感受，他们觉得父母不会懂，也不会听他们的。但其实，你需要换一个角度去思考这个问题。沟通的目的并不是为了彼此的需求同时被绝对满足，你们要是抱着这个渴望去沟通，那其中一定掺杂着指责和强硬的态度，这怎么能给你们的谈话带来好的结果呢？

所以如果你希望缓和你和父母间的紧张气氛，你就要学会如何去跟他们沟通。你可以邀请他们每周开一次家庭会议，并约法三章，会议上只表达自己的想法，不能有评判，更不能生气。你们可以心平气和地听听对方对于同一件事情的看法，设身处地地去理解对方的逻辑。

跟父母说话时，不要转弯抹角，你了解他们最想知道什么，诚实地告诉他们，例如你几点放学，放学后去了哪里，周末会跟谁一起出去玩，等等。千万不要过度防御，否则只会让父母更担心。

在表达的时候，尽量避免过度情绪化的语言。你可以先客观描述一下事实，然后再说出你的情绪和看法，最后说出你的希望以及双方可以达成的共识。

例如在爸爸没收你的手机这件事上，小韬，你可以跟你爸爸进行一次有效沟通，当然这次的沟通不要在双方气头上去做，而应该隔几天，让大家都冷静下来，可以理智对话时。你可以用上这样的话：

"爸爸，你前几天没收了我的手机。"（陈述事实）

"我感到很生气，也很委屈，很难过。"（表达情绪）

"我知道你也是不想我沉迷在手机里，可是你的行为太粗暴了，这对我来说是一种伤害。而且我真的觉得很累，想玩手机放松一下，我知道我没有控制好玩手机的时间，这是我的问题。"（表达看法）

"要不我们达成协议，我周末才玩手机，而且承诺是在完成所有作业之后，而你要把手机还给我，并在周末不要限制我。"（提出希望并达成共识）

……

这样的沟通方式，是不是比你跟爸爸大吵一顿、冷战一个月更有效呢？

3.尝试去关心父母的事情

你想让父母接受你已经长大，并对你放手，那你所用的方式绝不能是狂风暴雨式的对战，而是要告诉他们，你也爱着他们。

你真的了解你的父母，知道他们的故事，清楚他们的为人处世吗？你的父母也需要倾诉，你能成为他们的聆听者吗？坐下来跟他们聊聊，可以聊他们小时候的事，你的爷爷奶奶、外公外婆的事。你可能会从这些故事里读懂你父母的思维模式和行为模式，这样也就更能好好与他们相处了。

你们也可以聊聊最近父母工作上遇到的事情，像一个小大人去跟他们对话。从他们的处事方式里，你可以知道，他们是如何表达对你的爱的。有些父母会有足够的耐心，也会很温柔，所以他们愿意去拥抱你和夸奖你。而有些父母可能会很粗心，也羞于说出自己的感情，他们可能很少表扬你，但不代表他们看不见你的进步。

当然，在你一个人的时候，还可以去回忆一下跟父母在一起的美好时光，你们一起去公园，一起旅行，一起看书，一起游戏……无论是谁，都一定会有这样的记忆，好好想想，感受一下当时的快乐，感受一下你们之间爱的流动。

请你相信，这一切都不会改变，因为他们是受你的父母。

2 解码师生关系

——老师，是遥不可及，还是近在眼前

what

鑫鑫读初一时英语成绩还不错，可升了初二却在不断地退步，退到了不及格，又退到了三四十分。妈妈很着急，不敢逼他太紧，多番询问后，鑫鑫说出了一个理由。

原来初二上学期，鑫鑫班里换了一位英语老师，他觉得这个英语老师没有以前的老师那么活泼，很严格，对比之下就不喜欢这位老师了。有一次他上课迟到，老师批评了他几句，他对这个老师就更有看法，上英语课也不怎么专心，时间一长，英语这一科就跟不上了。初中学业

本来就繁重，这样哪能不退步呢？

　　妈妈劝导鑫鑫，严师出高徒，能遇到这么负责任的老师是件好事。可是鑫鑫觉得不喜欢就是不喜欢，一到上英语课就觉得心烦。

　　只是，鑫鑫看着自己一退再退的英语成绩，也感到很苦恼，他到底怎么跟老师相处才能让关系更融洽呢？

why

　　有些孩子总以为，只有学霸级的学生或者班干部才需要与老师相处，既然自己的成绩和能力都不起眼，自己也很少会跟老师交谈，那为什么还要学习如何跟老师相处呢？

　　其实在人生长河里，我们在每一个阶段都有不同的老师，父母就是我们的启蒙老师。随着进入幼儿园、小学、中学、大学，还有各种的兴趣班，我们跟老师的相处时间甚至比跟父母的都多。即使大学毕业，走进了社会，我们还是要在不断的学习中提升自己，这个过程也会有老师在我们身边，给我们传道、授业、解惑。你跟老师的关系如何，在一定程度上也反映了你与这个社会的关系如何。所以学习与老师相处，是你成长路上的一门重要功课。

在青春期，学生对老师是既熟悉又陌生的。熟悉是因为每天都会见到，无论课堂上还是课后，老师都会相伴在自己的左右。陌生是因为感觉到老师就是权威和规则的代言，似乎有点高高在上，不敢过于靠近。

青春期本身就是个性化很强的阶段，所谓的"叛逆"时期，你喜欢挑战权威，会根据自己的内心来看待身边的人和事。你相信自己的感受，也任性地遵循着自己的感受去生活。所以很多学生都会像鑫鑫一样，仅仅凭自己的印象来评判老师，并没有做出理性的分析，还会把这样的评判迁移到自己的学业上，对这位"不喜欢"的老师所教的科目产生抵触情绪。

可是，鑫鑫，你看待老师的印象可能会因为你的不客观而有所偏颇，你感受到的也不一定是真实的全部。正如你妈妈所说，老师的严厉并不是一件坏事，他可以让你养成良好的学习习惯。再则，老师批评你的迟到也是负责任的行为，会让你自小养成不拖延、遵守承诺、有时间观念等好品质。

无论如何，老师通常也只是对事不对人，你的优点他也会看在眼里的。而且，因为对老师的喜恶而影响自己的学习，是非常不明智的行为，毕竟对于青春期的孩子来说，通过升学考试对整个成长历程是很重要的一件事情。

还有一些学生，因为各种的原因不愿靠近老师，有学习上的问题不去问，有生活上的困惑也不敢及时向老师求助。

他们可能是出于对老师权威的畏惧，所以见到老师会胆怯、会紧张，甚至在路上碰到了都不敢打招呼，远远地就绕路走了。

可是为什么害怕老师呢？是因为在乎老师对自己的看法，担心自己会出错而影响在老师心中的形象吗？是担心自己成绩不好或者没有班干部的能力而得不到老师的重视吗？还是担心自己做得不够好会被严厉的老师批评？

你有没有发现，你的这些担心都只是你自己的想象而已，每一个理由体现的不过是你的限制性信念而已。你担心自己不够好，是你的自信不足，而老师可能就能看出你身上的闪光点而对你倍加欣赏。你担心老师会偏心成绩优秀的学生或者得力的班干部，其实这也是你自卑心理的投射，可能还有嫉妒的心态在里面。成绩优秀的学生大部分都有一个特点，就是喜欢向老师提问，得力的班干部因为工作的需要也是会经常接近老师的，你把这些接近看成是老师的偏心，自然就不够客观了。

老师，其实只会陪伴你们走短短的一程，他们只有一个心思，就是怎么在这短暂的时间里让你们得到提升，所以根本没必要去偏爱谁。

　　还有的青春期孩子，是因为叛逆才拒绝与老师好好相处的。父母从幼儿园就告诫我们，在学校要听老师的话。小时候大家确实都会非常听老师的话，老师的教导就是努力的方向，可是长大之后，到了青春期，孩子们便会开始跟老师产生矛盾，然后暗自赌气："我为什么要听他的话？"虽然明明知道这样的赌气最后还是自己吃亏，但就是不管不顾。有的学生还为了显示自己挑战老师的"勇气"，为了在同学们眼里表现得与众不同，故意与老师对着干。

　　这些孩子长大之后，回想起读书时期跟老师的"矛盾"，总会摸摸头尴尬地一笑，说一句："当时还小，不懂事。"事实上，老师和你之间，基本不会存在什么矛盾，正如上述所说，这不过是你自己内心的限制性信念，影响了你的看法和行为。

how

1. 尊重是首要前提

　　尊师之所以会成为中华民族的优良传统，成为所有学问大家必有的美德修养，一定会有它的道理。"古之学者必有师"，以前的口耳相授，到后来的旧式学堂，到现如今所提倡的创新课堂，任何形式的教与学，都离不开老师。对老师的尊重，是一种文化传统。自古以来，对老师轻慢的人都很难获得成功，不尊重老师的人基本不能获得别人的尊重。"立德"为修身齐家的个人价值宗旨，师生的关系就是立德的一种。

所以不管你遇到什么，不管你正处于哪种状态，不要忘记成长路上最基本的感恩心。如果没有一颗感恩的心，你根本不可能与老师好好相处。

2. 保持你的真诚

请保持你内心的那一份真诚。关系都是相互的，若你坦诚相待，那么你大可放下所有的顾虑，没有人会拒绝一个真诚的人，何况是你的老师。

所以，积极主动一点吧。在学校，一个老师要照顾到几十个甚至上百个学生，有所疏忽也是人之常情，老师不一定能关注到你的情绪，这并不是因为老师对你有看法而故意忽略你，也不是因为偏心他人而无视你。相反，为人师者，肯定非常欢迎你跟他敞开心扉地交谈。

把你所有的看法都告诉你的老师吧，无论是好的方面，还是不好的，只要你是真诚的，没有巧言矫饰，没有刻意隐瞒，沟通必然是有效的。

即使你还是无法对老师完全敞开心扉，你也可以多去请教老师学习上的问题。如果说老师会有偏爱，那他一定更喜欢勤于思考的孩子。

而你此时与老师之间积极真诚的沟通，也一定有助于你以后处理各种人际关系。

3. 重新认识你"不喜欢"的老师

人无完人，每个人总会有犯错的时候。不要忘了，老师也是一个普通人，也会有不同的缺点和弱点。老师对你的作用，是在某个阶段某个领域的成全和辅助，而你不能苛刻地要求老师是个万能的全知先生。

当你明白这一点，你就不会把老师奉上神坛而对老师的错误感到失望。有些青春期的孩子，因为看不惯老师上课时的方言口音而不喜欢这个老师，这是很不理智的。

如果你还抱着"老师竟然也会犯错误"的态度去蔑视甚至嘲弄老师，那就是你的品质和修养的问题，这并不会影响老师成为老师，也不会影响老师在其他同学心目中的位置。可是你的无知却会成为你人生路上的一大缺憾。

所以，放下成见，重新认识一下你"不喜欢"的老师，以积极的心态去面对他们，找出他们身上值得你学习和肯定的地方，来弱化你那些"不喜欢"的理由。况且，老师是不需为你的"不喜欢"负责任的，你的情绪和态度可能导致的后果，最终还是需要你自己来承担。

总之，只有理性认知，正确面对，相互尊重，学会感恩，才能拥有良性的师生关系。

3 解码恋爱关系

——在花季，我摘了一朵玫瑰

what

　　雨晴偷偷地在日记本里写诗，那些朦朦胧胧的句子让她感觉自己的心都快融化了。

　　他们是在图书馆认识的，好几次，他们都坐在了一起，于是彼此交换了联系方式。雨晴是这个学校初二的学生，他是高一的，他们都喜欢阅读，有时候也会约着一起去图书馆。雨晴看着眼前这个安静的男生，心里萌发出一种不一般的感情。她开始在见不到他的日子里想念他，也开始注意自己的装扮，每次去图书馆之前都要穿上她认为最好看的裙子。几天没收到他的信息她就心神不定，连学习都静不下心来。

时间久了，他们见面越来越频繁。雨晴终于等到了男生向她表白，那一刻，她觉得自己就是这世界上最幸福的人。

他们很快就陷入了旁若无人的热恋中，会经常牵着手在校园的某个角落聊天，也会互相传递情书，信封里厚厚一叠都是甜甜蜜蜜的情话。他们晚上躲在被窝里给对方发信息，一发就是半夜，以致两人早上上学经常迟到，上课也无精打采。

以前的雨晴是一个很乖巧的孩子，从来都是父母说什么她就做什么。父母对她有着很大的期望，希望她可以初中毕业后考上这个城市里最好的高中。雨晴就以父母的期望为奋斗目标，努力学习，心无旁骛。如果不是这个男生的出现，她的生活轨迹不会有这么大的偏差。

直到雨晴在老师的办公室里见到了自己的爸爸妈妈，她才知道，自己太沉迷于这段感情，完全没有觉察到身边的人正在为自己担心。

why

爱情，在所有人的心里，都是一件很美好的事情。小时候看童话，我们总喜欢看到王子和公主一起踏入幸福婚姻殿堂。这样的故事承载着我们对爱情的所有想象，而当你处在自我意识迅速发展的青春期，自然地就会把这种想象转移到自己的现实中去，为这份浪漫而疯狂。这时候的你，根本不会去考虑爱情所要面对的一切实际的问题，单纯得就像落在玻璃上的一朵霜花，对爱情念念不忘、无法自拔。

大家把青春期恋爱称作"早恋"，这本身就是一个批判式表述，带着排斥的意味。在许多人的眼里，"早恋"是一个禁区，如同潘多拉的盒子一样，会释放出许多让人猝不及防的恶果。然而对于叛逆意识较重的青少年来说，这种排斥会给他们的自尊造成极大的伤害，让他们产生反感，甚至会勾起他们对这个"禁区"的好奇和向往。

其实对异性产生思慕之情在青春期的阶段是很常见的现象。这个时期的孩子，生理机能在趋向成熟，由于性激素的分泌，第二性征开始出现，所以他们受到异性的吸引而产生萌动是很正常的。有些孩子会默默地把这份情愫放在心上，有些却会大胆探索和尝试，无论如何，这样的相互倾慕与真正意义上的爱情还是有着质的区别的。

青春期又被称为心理断乳期，这一阶段的孩子们渴望着自己能像成年人一样自主掌控自己的生活，为了争取到自己理解意义上的自由会做出许多挑战规则的事情。他们只是凭着感觉和情绪去行动，同时，他们的感情又是那么丰富而细腻，对朦胧的爱情容易产生无限的遐想。这时候，长辈们所劝导的大道理对他们根本不起作用；甚至，他们会被自己"飞蛾扑火"的勇气而感动。

美国心理治疗大师萨提亚曾用一个冰山的比喻来表述人的行为和更深层次内心世界的联系。她认为"我"就如一座冰山，露出水面的山体就是我们的行为模式，无论这部分看起来多么庞大，其实也就不过是整座冰山很小的一部分。在看不见的水平面以下，有着长期被压抑的内在，例如面对事情的应对方式、因为观点不同产生的感受、对感受的决定、对事情的观点、对自己和他人的期待、被爱和被接纳的渴望、体现精神和生命力的自我等。

用这一冰山理论去看青春期的恋爱，就可以通过孩子们外在行为的呈现，去看到行为下面所隐藏的东西，如果能对冰山下的世界有所觉察并做出反应，就可以破解孩子们恋爱的行为了。

雨晴，我们来一起分析一下你的恋爱行为吧。其实，我们只看到故事里的你，而没有看到你背后的故事。你喜欢上那个在图书馆认识的男生，你们高调地热恋，甚至无视同学的眼光和老师父母的担心。在这个行为里面，你感受到了兴奋和着迷，即使上课迟到，即使耽误学业，你也在所不惜。在你的立场，你并没有觉得青春期的恋爱会给你带来伤害，你认为爱情就来自彼此的着迷，来自那甜蜜的情话和奋不顾身的勇敢。

实际上，包括你自己在内，所有人看到的却只是冰山上的那一小块而已。

长期以来，你的心里早已有着许多的挣扎，只是你自己没有觉察。你表面是个百依百顺、循规蹈矩的乖孩子，连你自己都这么认为，但是你的潜意识里藏着对反抗的渴望。你对自己被安排的生活感到厌恶，所以千方百计想找机会去证明自己有改变的能力。你并不是如你所说的，因为沉迷恋爱而忽略了父母的担心，相反，其实你是为了给父母制造担心才会沉迷恋爱的。对你来说，这一场恋爱就是打破顺从命运的那把锤子，你是要通过这个事件来让父母看到你的需求。

同时，因为父母平时对你的要求很严格，所以你无法在父母这里得到理解和关爱，也无法完全敞开心扉向父母倾诉自己青春期的迷惑，那份专属于花季雨季的心事就这么被掩埋在你乖顺的表象下。你非常希望得到另一种被爱的方式，以此来作为对自己的补偿，所以当这份突如其来的感情闯进你的生命时，你会倍感珍惜，久而久之，就产生了心理依赖。

这些感受、观点、期待和渴望形成一个立体的雨晴，当冰山下真实的你被层层呈现出来时，你才能靠着自己的力量正确处理这份恋情。

how

1. 树立正确的爱情观

我们应该如何看待爱情？美国的心理学家斯滕伯格认为爱情包含了三个组成部分，即激情、亲密和承诺。

爱情就如雨露中的那一朵玫瑰，有着迷蒙和浪漫的美，能让人不自觉地产生迷恋，而在这澎湃如潮的激情中，自控力和辨别力都不成熟的青少年往往会忽略了玫瑰上的那一根一根的尖刺。缺乏亲密和承诺的激情是短暂的、肤浅的，仅仅凭着渴望和需求而产生的关系，并不是爱情。

另外，以情绪为主要元素的关系是亲密的，你们会基于一定原因有着让人安心的默契感。当然，这样的感觉很美好，似乎也很纯粹。像雨晴一样，你们别无所求，就是喜欢在一起。可是，缺乏激情和承诺的亲密只能称为好感，虽然美好却不稳固，朋友间的友谊也可以拥有这样的感受。

最后，承诺是建立在认知之上的。缺乏激情和亲密的承诺，既没有生理上的吸引，也没有情感上的互通，只是因为某种约定而结合，就像旧社会的盲婚哑嫁，这个情况其实在现代社会已经很少见了。但是，真正的爱情又不能缺少这一要素，承诺是维系爱情关系的基础，而青少年的爱情最常见的就是少了这一点，或者说他们根本没有能力去许以承诺，所以他们的爱情大多数也都以分手告终。

那么，你到底想要一份怎样的爱情呢？如果你只想要逞一时之快，那么这样短暂的快乐所付出的代价实在太大，你可能会因此伤了家庭的关系，可能会因此考不上想去的那所高中，值得吗？

如果你确认了这个人就是你想要长长久久相伴下去的人，那么又何必急于此时，真正的爱情是不会在时间里变质的。意大利文艺复兴的作家薄伽丘这样诠释爱情："真正的爱情能够鼓舞人，唤醒他内心沉睡着的力量和潜藏着的才能。"所以，建议你把这份爱放在心上，与对方一起拼搏，直至你们都有能力给予彼此承诺，都可以承担起爱的责任。否则，一切都是空话。

认清爱情的模样，认清你自己真正的需求，你才能得到真正的幸福。

2. 健康交往，不要越界

青春期的孩子，随着生理的逐步成熟，会对两性关系产生遐想，身体内外都发生巨大的变化，感情丰富了，思绪也多，容易冲动。

性意识的觉醒是很正常的过程，所以在异性之间容易形成相吸的磁场也是可以理解的。无论如何，真正的爱情是不会让你丧失理智、迷失自我的，你纵有千般理由，都必须要记得一条底线，那就是保护好你自己。无论是男生还是女生，如果你在身心都还不成熟，没有足够的能力去接纳性的果实时越了界，其后果必然是对你自己和对方造成祸及一生的伤害。

这样的案例不在少数，偷吃禁果后，甚至还有人为此付出了生命。所以你要保持理智，克服头脑中那些对爱的幻想和不正当的欲念，健康交往，这个尤为重要。

3. 增大社交圈

有些青春期的孩子情不自禁地陷入恋爱中，是因为对交流的需求。就像雨晴一样，不愿把少女的心事说给父母，而又急需倾诉的出口，刚好这样的一个男生出现在你的身边，你自然不会拒绝。

如果你情感交流的需求能被满足，就不会轻易坠入爱网，或者说不会过于痴迷而失去理智了。

所以建议你扩大你的社交圈，多参加集体活动，与不同性格的同学交往，你就会发现，你的生活并不是非有他不可。

4 解码网恋关系
——看不见的爱情故事

what

小悦转学了，她妈妈来学校办的手续。

一年前，小悦还是一个品学兼优的乖孩子。可是有一段时间，小悦开始天天抱着手机玩，还会看着手机偷笑。妈妈觉得奇怪，偷偷观察了她几天，发现她经常会跟一个男生聊天。妈妈很担心，问她怎么认识的，她说是在网课上，他们要一起讨论学习。

可是，妈妈却在小悦的手机里发现他们说话的方式很暧昧，甚至会称对方是"老公"或"老婆"。那个男生显然跟小悦不同城，竟然还约小悦去他的城市玩。这可把妈妈吓坏了。着急的妈妈一个劲地劝说小悦，千万别被人骗。小悦偏不听，还责怪妈妈偷看她的隐私，跟妈妈大闹了一场。

小悦的爸爸是个急性子，一气之下直接把小悦的手机摔到了地上，还把小悦打了一顿，警告她不可以再跟对方来往。

本以为小孩子的感情，过几天就会淡。谁知道小悦竟然在学校偷了同学的手机躲了起来，不断地试图给那个男生打电话，只是，她怎么也找不到那个男生了。估计是男生知道了小悦的父母已经觉察到他们的来往，为了避免惹上麻烦，就拉黑了小悦的微信，断了联系。

小悦非常伤心，而且她网恋和偷手机的事情在同学之间闹得沸沸扬扬的。自此之后，小悦就没有回过学校了。

后来，小悦的爸爸妈妈帮她转了学。同学们再也联系不上小悦，只是偶尔还会想起曾经品学兼优的她。

why

爱情是什么？它是思想的碰撞，是一生的守望，是相互无私的给予，是最安心的依托。可是对于青春期的孩子来说，爱情可能就是当下的那份依恋，沉湎其中，可以不管不顾，甚至可以不用考虑未来。

这些年，网络技术迅速发展，社交软件层出不穷。各种玩法刺激着人们的神经，而社交在虚拟网络中成了一种高效而新奇的生活体验，这样的体验超越了时间和空间的界限，迅捷、方便、丰富、低成本，却又充满着危险。而这些，都给网恋提供了产生的土壤。

青春期的孩子喜欢特立独行，对刺激的事物充满了好奇，他们向往所有未知的东西，急于去探索神秘的世界，敢于打破传统的规范，去追求新的生活方式，可这时候的孩子偏偏又缺乏自制力和防范意识，所以总会在横冲直撞中受伤。

青春期的孩子多少会有一些浪漫的情结，热烈而纯真，虚拟世界的感情是一支雾中的玫瑰，散发着朦胧的美感，对孩子们吸引力是很大的。而且他们渴望自由，网络里少了现实世界的规范性和约束力，让孩子们感受到自由的愉悦。

另外，在屏幕的那头，充满了想象的空间。孩子们可以根据自己的喜好来塑造出一个完美的对象，并把自己的感情寄托在这个对象上面。网络的这种虚拟性，正好让人在交往时先对自己进行包装，扬长避短，渗透了各种主观的意愿，更能满足孩子对情感的需求。当然，也正是这个原因，很多以真心开始的网恋，也都逃不过"见光死"的收场。

网络就像一个隐私的保护罩，能让孩子们内心的秘密不被熟悉的人窥视到，特别是父母。于是，很多青春期的孩子会选择在网络上倾诉心事，寻求认同和慰藉，甚至对此产生了深深的依恋。特别是，如果孩子在家里跟父母的关系不太好，那么他们更容易把感情寄托到那看不见摸不着的虚拟世界里。

青春期的孩子涉世未深，他们对爱情的理解多数都来自被编排过的电视剧或者小说，所以他们更崇尚柏拉图式的恋爱经历。现实中的爱情往往不能摆脱现实所附加的各种因素，例如距离、社会关系等。而在网络上，他们彼此能见到的不过就是一个头像和一个昵称，能听到的也不过是被选择过的甜言蜜语。对于他们来说，这样的感情没有掺杂现实的各类条件，显得更纯粹，更值得自己不顾一切去守护。他们以为，这就是电影电视所上演的至死不渝的爱情，付出所有，不求回报。孩子们就这样被自己感动着，根本不会去想彼此所输出的信息和情感交流是否真实，是否承担责任，是否会长久。

还有一些青少年把网上恋情作为生活的调料，现实中那种不是家就是学校的日子实在太无聊了，老师说着学习，父母也在说着学习，对于喜欢寻求刺激的孩子们来说，确实枯燥。在网络上，他们可以以各种模样出现在不同场合，跟不同的人相处。这种游戏的心态在青春期的孩子群体中比较常见。

那么，我们应该怎么去看待这一场看不见的爱情呢？

how

1. 了解网恋带来的负面影响

网恋会耗费你大量的时间和精力，影响你的学业，这个道理想必你的父母和老师都对你说过无数遍。可是除此之外，你真的清楚网恋会给你带来什么吗？

爱情的前提是忠诚，可是因为网络的随意性和不确定性，你会在这一场又一场的网上恋情中学习到另一种恋爱模式，这会直接冲击到你日后对婚恋关系的信任，也会改变你对道德伦理的认知。那种得失过于容易的体验，会削弱你在爱和尊重这两方面的能力，让你在婚恋过程中缺乏责任感，这将是一生的悲剧。

即使不是这样，长时间在虚拟的空间中交流，也很容易让你心理闭锁，无法适应现实的社交环境，造成人际交往障碍，喜欢沦陷在自己的幻想里，形成或大或小的人格缺陷。

再者，网络是一个开放的空间，信息量巨大，精华和糟粕共存。网恋是以计算机网络作为媒介的行为，具有不安全、不可控等特征，你无法知道屏幕那头说着爱你的那个人的真实想法，甚至可能会因为自己的法治意识和安全意识的淡薄，辨别信息的能力不够强，给一些别有用心的人带来可乘之机。社会上已经有很多青少年因沉迷网恋而遭受侵犯，损失大量钱财，给自己的人身安全造成重大上海，这是所有畅游在网络的孩子们必须要重视的问题。

2. 认识到自身价值，提升自尊水平

如果你能对自己有一个正确积极的评价，拥有高水平的自尊，那么你就不会把自己的感情交托到虚无缥缈的网络里了。人只有在自己内心空虚、自信心脆弱的时候，才会想着去抓取一些东西来抚慰自己。

其实，每一个人都是独一无二的存在，你是非常非常珍贵的，值得拥有健康恒久的爱，而不是镜花水月。

此外，建议你向信任的人去阐述你整个网恋的过程，全然地表达你网恋的真实感受。一则可以保护你自己，减少在网恋中的危险性。二则可以在倾诉中回忆每一个细节，唤醒你的理智，以此去战胜你那些不成熟的情感。

3. 提高现实交往能力，丰富生活

你能很清楚地说出你有多少个现实中的知心朋友吗？如果你有，那么请你珍惜他们，学会去爱他们，关心他们

的所需。如果你没有，你应该开始留意，在你身边，总有一些人在默默地帮助你，他们喜欢跟你在一起，渴望与你建立真挚的感情。这些人一定存在，一定有，你只要打开你的心，用真诚去呼唤真诚就行了。

还有，让自己多参加学校或者社会上的文体活动和志愿活动，丰富你的生活，开拓视野，培养一些兴趣爱好，这样你就不会那么轻易把注意力转向网恋而无法自拔。毕竟，存在于虚拟空间的感情是那么的不可靠，这你也是很清楚的。

5 解码社交恐惧
——与人对视让我害怕

what

在同学的生日派对中，小雪总是最沉默的一个。所有的热闹和欢笑似乎都与她无关，她会躲在某个角落里静静地看着，却不参与。一旦有谁看到了她，主动上前跟她打招呼，她就感觉到不自然，尴尬地一笑，连与对方对视一眼都不敢。同学们戏称小雪是进入了"不在场状态"，这样的玩笑会让小雪更无地自容，连头都不敢抬。

小雪很抵触任何形式的集体活动，跟别人说话都让她感到紧张，更别说是参与互动了。其实有时候，小雪还是挺羡慕同学们都有自己的小圈子，而她却总是一个人。

可是真正让她融入这些圈子里，她又会因手足无措而逃离现场。

她自小性格就内向，总是低着头走路，尽量避免去跟别人打招呼。有些不知情的人还以为是她高傲无礼，只有她自己知道，她不是不愿意，而是不敢。

这就是大家常说的社交恐惧吗？

why

其实，没有一个青春期的孩子不渴望与人交往，他们既会想尽办法表现出自己的独特性，同时又想得到其他人的认同和接纳。"孤独"是青春期孩子日记里出现最多的一个词，他们对孤独有属于他们自己的体验，而非成年人所理解的那样。他们害怕孤独，又在不断地咀嚼孤独，他们想加入同学们的社交圈里，却又常常一个人走开。

青春期的孩子本身就是一个矛盾体，那些性格比较内向的孩子心里的拉扯会更严重。所以社交恐惧在青少年群体中是很常见的，正如小雪一样，她无法自如地跟其他人相处，即使强迫自己坐在人群中，还是能感觉到不可抑制的紧张，甚至会伴有生理上的表现，例如心跳加速、脸红、手心出汗、手抖、尿急等。特别是在公众的场合，陌生人比较多的时候，情况会更糟糕。为了不让别人注意到自己的异常，他们只有回避社交。

久而久之，这些孩子就一直处在这样自我隔离的状态中长大，其性格会更为封闭，在认知、情绪和行为上都有不同程度的障碍。这是一个负面的循环，但幸好青少年的可塑性还是比较大的，及早发现并进行干预，是可以逆转的。

我们要先探讨一下社交恐惧产生的原因。

有些孩子是生来性格如此，本来就不太爱说话，也不太懂得怎么去跟别人交往。他们有着抑郁质或者黏液质的人格气质类型，显得慢热或者不合群。气质是人们天生的心理特征，并没有好或者不好的区别。

内向性格的孩子的优势就在于会比其他孩子更专注，也更敏锐。但是如果他们在成长过程中因为本身性格的问题遇到挫折，出现社交冲突，那么对于他们的打击也会比其他孩子大。就像小雪，她不敢跟别人打招呼，以至于让别人误以为她是个没有礼貌的孩子，若他们再说几句闲言，这样的直接经验会被植入她的潜意识，加深她的恐惧。

另外，间接经验也会引发孩子的社交恐惧。有些青春期的孩子容易产生自卑心理，例如对自己样貌不自信，如果这时候，他们听到其他人窃窃评判另一个孩子的样貌，就很容易把这种评判迁移到自己的身上，然后开始感到紧张，猜测别人是否也在自己的背后这么评判自己。

有些孩子的社交恐惧不一定是内向和自卑导致的，也可能是追求完美的缘故。他们只接受鼓励和肯定，也为了得到赞赏和认可而努力着。他们在与同学和朋友交往的过程中，要求自己看起来必须出类拔萃，一旦感觉到自己不够完美，就会焦虑和恐慌。

我们都明白，这些都是孩子为自己设的限，他们多思、多疑、心慌意乱，他们感到焦虑、羞耻、窘迫，并备受困扰。但是，他们所恐惧的不一定就是事实本身，很多时候能伤到他们的，也只是他们自己而已。

how

1. 接纳恐惧，与情绪和解

恐惧的加深，总是缘于人与情绪的对抗。可是要知道，任何情绪和状态的产生都是人之常情，不断地给自己施压，反而会让事情变得更差。

在面对别人，特别是陌生人的时候，你知道自己会紧张，知道自己会脸红会手抖，你要允许这些状况的存在，跟你的情绪说："是的，我看到你了，没关系，你来吧。"

它们出现了又如何呢，最坏的情况不过是别人的不理解，而他们的不理解并不会侵犯到你的权益，你依然是你。

要学会与你的情绪和平共处，学会允许它们的出现，而不是给自己贴上诸如"胆小怕事"这样的标签。慢慢地，你会在连你自己都没有觉察的情况下，就放松了下来。

学会适当给自己一些暗示，你曾经所担心的问题就会越来越少了。

2. 自我放松法

心理学上有很多自我放松的方法。

例如可以在适当的时候转移注意，短时间的放松可以更好地训练大脑的"意识肌肉"。你知道接下来的集体活动会让你感到紧张，那么可以暂时离开喧嚣的人群，去喝口水，或者到洗手间洗把脸，让自己的呼吸平缓下来。

或者做几个深呼吸，设想你吸进去的新鲜空气，还带着青草的味道，进入到你的身体。这也是想象放松法的一种。想象自己走进了一个场景，这个场景里阳光明媚，溪水潺潺，清风轻轻拂面而来，让你感觉到很惬意。

也许你可以用芳香观想法。一个花园里有着郁郁葱葱的树木，你被各种鲜花包围着，那令人陶醉的芳香让你很宁静。你闭着眼睛，躺在柔软的草地上，阳光拥抱着你，非常温暖、安心……

这些方法可以让你把注意力集中到自己的想象中，增强内心的愉悦，减少对紧张情绪的关注。

3. 系统脱敏法

俄国心理学家巴甫洛夫的经典条件反射实验非常著名。给小狗喂食同时摇铃，在一段时间之后，小狗哪怕只听见铃声不见食物也会流口水。强化的次数越多，条件反射就越巩固；那么相反地，当你一直只摇铃不给食物，时间久了，条件反射就会减弱，甚至消失。

社交环境中的刺激会让人产生焦虑和恐惧，而如果可以在平时就与这些施加刺激的动作相抗衡，慢慢地，你就不会再对这样的刺激产生不好的应激反应。也就是说，我们可以用系统脱敏来对抗条件反射。

这些训练都可以循序渐进，先引导自己参与到熟悉的社交环境中，例如多去亲戚好友家串门，慢慢暴露出自己焦虑不安的状况，然后用暗示或放松等方式来消除它，可能刚开始你并不能一下子就做到，但这不要紧。条件反射实验里，实践和成功也是有一定的时间差的。

随着训练的深入，你可以尝试走进陌生的环境，甚至报名参加一次公开演讲，把自己推向众多陌生的目光里。

这样多次之后，把自己的恐惧等级列出来，慢慢回想每一次的情况，越详细越好，来指导自己下一次的脱敏行为。当然，这个过程中不要太过强硬，当发现自己实在受不了，到达情绪崩溃点时，要及时放手。

Part 5

青春期的生活思考

1 解码网络成瘾

——我无法抵御虚无世界的诱惑

what

　　子峰在电脑前已经坐了五六个小时，几乎一直都在打网络游戏，游戏的刺激能让他感觉到前所未有的快感。当然，偶尔他也会退出游戏在社交平台聊聊天，或者刷刷短视频。在网络里的时间总是过得特别快，只要爸爸妈妈的吼声没有传过来，子峰就会选择继续待在这个虚拟的空间里。

　　其实子峰也不只是在寻求刺激，为了丰富自己的短视频内容，他拍下了很多有趣的视频，自己做了剪辑配乐，还配上各种特效，然后再上传到平台。往往一个精美视频的完成，需要花费他一个通宵的工夫。

结果也自然可见，第二天他会因为没有完成作业和上课睡觉被批评，爸爸妈妈也是棍棒和糖果齐下。只是无论什么方法，在子峰这里已经不奏效了。他就是喜欢待在网络里，其他的对他来说根本不重要。

强硬措施也是有的，爸爸妈妈给他关了网甚至砸了他的电脑，只是这些都无济于事，根本无法让子峰心里的瘾减轻半分，只会让他们亲子间的冲突愈演愈烈。

这就是网络成瘾吗？以前很听话的孩子怎么就变成这样呢？爸爸妈妈百思不得其解。其实没有人知道，子峰的内心也很纠结，他何尝不知道这样的上瘾让他荒废了学业，可是他就是无法自拔，这该怎么办呢？

why

现在有个词，叫"低头一族"，用来形容总是沉迷在手机里不能自拔的人们，无论在什么地方什么场合，他们都会低着头玩手机，外界的事情根本与他们无关。如果连自控力较强的成年人都尚且无法抵御网络的诱惑，那我们怎么还能去苛求孩子们理智对待网络呢？

所以，在这样的情形下，子峰能认识到自己的成瘾，并有心想改变它，已经是非常不错了。你无需责怪自己面对网络的不能自控，也不需过多评判这些电子产品。如果有足够的控制力和是非辨别能力，你就能清醒地认识到网络的好处，它不仅可以让你放松下来，而且有大量的知识信息，给你的学习提供了很好的支持，也可以培养你的其他操作技能。你看，你不是已经学会制作视频了吗？

只要你能让网络服务于你，而不是让网络控制你，那你成瘾的苦恼就会消失。

要摆脱网络的控制，我们首先要认识到青春期孩子的心理特点。他们的自我意识非常强烈，而他们对自己的评价总是来自别人，所以他们需要得到别人的认可和肯定。如果他们的学业稍有落后，或者他们在成绩上没有办法得到正面的满足，那他们就会不自觉地在其他方面寻求补充，网络就是一个很好的地方。网络世界充满了新鲜和刺激，还可以让他们得到及时的满足，以至于他们可以很容易就体验到在现实世界无法取得的成功感。

其实青春期的孩子已经能意识到，这一切都是虚拟的，等关了手机和电脑，打开房间的门，这些都会消失。但是对于他们来说，那一刻的快感却是真实的。这也恰恰体现了孩子们更注重当下感受的特点。

另外，青春期的孩子情感比较细腻，情绪变化也大。他们趋于成熟却还不成熟，很想独立却又不得不依赖父母，所以在这些矛盾的冲击下，他们很容易产生负面的应对模式，特别是在跟父母的相处上。在青少年的"哭闹期"，他们似乎总有许多的苦闷没办法倾诉；而网络世界可以让他们暂时回避这些烦恼，暂时逃避责任，还有许多种方式让他们宣泄情绪。如此一来，他们怎么会不上瘾呢？

同样在各种心理矛盾的作用下，孩子们会对自己所熟知的环境以外的世界充满好奇，他们有足够的激情去探索，甚至会产生征服的欲望。而在他们的现实生活中，除了家里就是学校，大家都有着同一个话题，学习、升学……青春期的孩子们迫切需要新的刺激。没有能力闯出去的他们，就只能在网络里去寻找他们所想要的体验了。

网络成瘾的原因还有很多，而其结果也是很显然的，它会一定程度损伤你的身体，例如导致腰椎、颈椎等出现问题，也会影响你的学业和现实交往能力，最重要的是会影响到你的心理，造成你价值体系的偏差。

那么，你需要问一下自己，网络真的是你唯一的朋友吗？你是否有勇气去面对和战胜它呢？

how

1.找到真实的爱

　　沉迷在网络里的孩子总有一个共同点，就是感受不到爱，或者说无法感受到完全的爱，特别是父母的爱。所以他们在家里埋怨、焦虑、逃避，甚至拒绝沟通，一头埋进网络里不愿意出来。

　　得到爱的训练，实质是学会付出爱。所以，这里给你的一个建议是，走出家门，去当志愿者。现在的社会已经足够开放，有许多的志愿者需求在等着你。你可以固定每周一次去养老院探访那里的老人，敞开你的心扉，去陪伴他们。可能刚开始你只能刻意地去做，但久而久之，你就能慢慢地体会到，付出爱是一种怎样的感受，同时你会得到爱的回流，你的心会更柔软，更容易与父母相处。

　　然后呢，找一些机会跟父母一起出去玩，爬爬山，或者郊游，在大自然的环境里，找回真实的爱。如此，网络上那些虚拟的安慰，对你也就不起作用了。

2.集体治疗法

　　当你在网络的世界里待上很长一段时间，你必定会有这样的一种感觉，你很难在现实的生活中与他人自然地交往，你的社会孤独感会越来越强烈，以致于你对网络的依赖就更深了。

所以我们可以用集体治疗法来帮助你戒除网瘾，让你在集体中重新找回那种实实在在的联系，从而去接纳和改变自我。

这里的建议是，多参加集体活动，约上一群同学去打球，或者参加其他的聚会，如果是那种体能团建活动就更好了。你可以在这些活动中暂时离开网络的环境，得到群体的归属感，并在现实中找到情绪的宣泄口，这对你戒掉网瘾一定是有帮助的。

3. 找到限制自己的方法

如果你真的认识到网瘾对你产生的不良影响，并且希望可以摆脱它，那你要明白，解铃还须系铃人，能战胜它的只有你自己。父母的强制行为只会让你更逆反，陷得更深。那么，你可以行动起来吗？

只要你愿意，方法是有很多的。例如你可以用时间间隔法。设定一个闹钟，让自己在网上畅玩 25 分钟，当闹钟响起时，马上离开电脑和手机，去做一些与电子产品无关的事情，例如看看书，或者做一些室内运动。休息时间可以设定为 10 分钟，休息结束后，再调一个 25 分钟的闹钟，重新进入你的网络。这有点像我们前面所说的"番茄时间管理法"。现在很多手机和电脑已经有了这种功能，设定时间，到点后会强制关机，这样可以更有效地帮助你使用这个方法。

慢慢地，把休息时间拉长，15分钟，半小时，两小时……如果你有足够的意志，你会发现，你离开网络的时间可以是一整天，或者更长。

4. 帮助其他人戒瘾

当我们说到上瘾，并不仅仅是指对网络，有人有烟瘾、酒瘾，还有人对食物上瘾，明明已经饱了，却还是想吃。还有人有电视瘾、购物瘾等。那些过度想要做某事，且已经对自己和他人产生了伤害或者负面影响的习惯，都可以称为瘾。

你稍微留心，就会看到，其实在你的身边还有挺多人有各种的瘾。那么，你可以把你自己戒网瘾的目标放一放，先帮助其他人戒瘾。

当你把关注点从自己身上移开，放到去帮助别人这件事上，你戒瘾的目的就自然而然会实现了。

所以，你先去找到一个有瘾的人，或者是你沉迷抽烟的爸爸，或者是你沉迷看电视的同学。然后去帮助他们，例如可以买一盒口香糖给爸爸，让他在想抽烟的时候克制自己，用口香糖代替。或者给他们一些实质的建议，总之把他们戒瘾的事当成是自己的事来办。其实，无论你是否能成功帮助到他们，你已经成功帮助到自己了。

如果你对自己的网瘾束手无策，那么你可以转变一下思维。尝试不同的方法，会让你有惊喜。

2 解码睡眠自律
——我习惯熬夜，也不能早起

what

　　闹钟的声音响了起来，安安迷迷糊糊地把闹钟拍掉，拿被子蒙住头继续睡。直到妈妈过来猛力把被子掀开，在她的耳朵边大吼："还不起床，要迟到啦！"安安这才不情不愿地爬起来，洗漱、换衣服、吃早餐、出门，整个过程也都处在半清醒的状态。

　　这一幕几乎每天都在上演，除了假日。因为在假日的清晨，闹钟是不会响个不停的，安安可以一直睡，到了中午才起床。

　　如果你说，年轻人就是要多睡啊。那你就错了，安安每天的睡眠时间都很少，她的熬夜已经成了常态。往往到了深夜时分，她还在玩电脑、看手机，总之就是磨磨蹭蹭不愿睡觉。

青春期的孩子，长期睡眠不足，怎么能去完成繁重的学业呢？所以安安只能浑浑噩噩地度过每一天，专注力和情绪控制都因此变得很糟糕。

why

有这么一句话："你如何过好一天，就如何过好一生。"

每个人一天都只有 24 小时，你决定以什么方式来度过这一天呢？是混乱没有节律的，还是积极快乐的？你又决定以什么方式来面对你的未来？安于现状、甘于平庸，还是以最闪亮的姿态拥抱你理想的生活？

而此刻的你，清晨被闹钟惊醒，拖着疲惫的身体去上课，一天下来你的精力当然是无法支撑那么多的课时的，课堂上你没听懂的内容，课后需花大量时间去弥补，这自然也会影响你的作业质量，晚上当别的同学高效地做完作业时，你还在苦恼着。一直拖到作业完成了，你又想做做自己喜欢的事情，自然不得不熬夜。如此日复一日的恶性循环，就像是一个旋涡，让你越陷越深，根本无法跳脱出来。

是的，你只能熬夜了，因为你心里非常明白，这一天又在糊里糊涂中度过了。你似乎没有办法合理安排你的24小时，也似乎什么事情都没做成功，你不甘心就这么上床睡觉。

然而，你可知道，完成事情的关键时间并不在夜晚，而在于清晨，在于你起床后的那一两个小时。有研究表明，这一两个小时的状态，会影响你全天的状态，如果在这一两小时内，你是浑浑噩噩的，那么你的一整天都不可能积极起来。

其实这里还有一个"舒适区"的问题。每个人都会有自己的一些舒适区，在这些区域里，人们会有习惯性的思维模式和行为模式，在时时的重复中，产生了让人依赖的安全感。人们待在舒适区里，会如同躲进了避风港，感到放松和稳定，没有压力。

例如有些人从不跑步，他不断地给自己找不跑步的理由："我不喜欢跑步。""我的身体不能跑步。""我跑得慢会让人笑话。"……各种限制性信念就像一个屏障，让他躲在了自己的舒适区，就是不跑步。可是如果有一天，他肯踏出第一步去尝试，他可能很快就能感受到跑步带给他的好处。只不过，这个第一步真的很难。

很多熬夜的人，其实就是把夜晚的时间和空间当成是自己的舒适区，没有人干扰，他们会感觉到自由。

　　熬夜、晚起，看似是在舒服的状态中享受着安逸生活的馈赠，其实是在松懈和倦怠中消耗着自己的能量。可是离开这个舒适区，稍微早睡一会儿，早起一会儿，都会让人感到焦虑和紧张。道理是明白的，迈出第一步，却真的很难。

　　要走出舒适区是需要勇气的，需要你由内而发的责任感，对自己人生负责的责任感，而不是为了父母和老师这么做。让自己的生活重新回到正常的轨道，坚持早睡早起，坚持过好早起的那一两个小时，你会收获让你意想不到的奇迹，你不仅改变了你的生活方式，还能收获对学习的专注力，对情绪的控制力，你的思维会更敏捷，创意灵感会更多，学习成绩也会得到提升。你会更积极乐观，面对挑战不会胆怯妥协。你每天都充满了激情和活力，你感到时间充沛，也会感受到信心和美好。

　　你愿意去迎接这些奇迹，开始你全新的生活吗？

how

1. 怎么才能早起

　　一开始的尝试肯定是艰难的。

　　你是否有过这样的体验？这一天有一件让你激动许久的事情，可能是要跟着爸爸妈妈坐飞机去旅游，也可

能是你的毕业典礼，总之，你想起这件事情就会感觉到
很兴奋。这一天的清晨，你还没等闹钟响起就已经醒来
了。当然，你是被你的期待给唤醒的，所以感觉到充满
了活力。

如果你对你的一天有着非常美好的期待，这份期待
会在你心里种下一颗种子，让你迫不及待地起床。这说
明了，想要早起，你只需要给自己一些正向的心理暗示
就行。

你可以在前一天晚上睡前，给自己这样的几分钟，
闭上眼睛，去想一下生活里让你快乐的事，这件事情最
好是有意义的，是利他的，即使仅仅是公交车上让座这
一件小事。

这里的关键是，你要带着饱满的情绪把整个过程的细
节都想一遍，越详细越好，你甚至需要重温当时被你帮助
的那个人脸上的表情，你会为你能带给对方温暖而感到非
常的快乐。

这种快乐会随着你入睡，进入你的梦乡，并在第二天
的清晨把你美美地唤醒。

2. 早起做些什么？

当你确定你起床后可以做些什么，而且这些事情会
让你的一天都充满能量时，你应该就不会这么留恋你的

床了。

首先是洗漱，脸上和口中的那份清新会让你迅速清醒过来。然后去喝一杯水，还可以加两片柠檬，这会让你感觉到滋润，没有肠胃负担。

接着，你可以很有仪式感地在日记本上写下几件前一天让你印象深刻的事情，一些让你非常感动的事，好好想想，肯定有，例如你可以感激你的妈妈每天早起为你准备早餐，感激你的同学帮你解答了作业里的一道难题，等等。其实如果你能用感激的心情开启你的一天，这一天里必定会充满幸福的感觉。

是的，你已经开始做你的晨间日记了。你还可以在日记本里计划一下今天有些什么任务需要完成，你也许要做完你的校运会海报，或者要给过生日的同学挑选一份礼物，或者是刷几套题，这些任务会让你兴奋。

这样的晨间日记只需要花费你几分钟的时间，如果你愿意，还可以做一下简易的晨练运动，做几十个俯卧撑，或者做一套瑜伽。运动会完全唤醒你的精神和身体，一天可以就这么开始了。

3. 如何不熬夜？

在说这个问题前，你已经开始早起了吗？其实如果你在践行早起计划，你的早睡就是自然之举了。这是一个连锁反应，因为你已经明白了早睡早起的自律人生会让你收获到什么。

当然，你也可以了解一下，熬夜对你的负面影响有多么大。有人说："那些熬过的夜，最终都会事无巨细地反应在你的身体上。"长期熬夜，即使你有"年轻"的资本，你的身体也会经受不住，出现各种问题。很多青春期的孩子因为熬夜而早早进入亚健康状态，甚至出现情绪不稳定、注意力涣散等现象。

既然你知道你必须要改变生活作息时间，你就可以把"早睡早起"作为你一天中非常重要紧急的事来对待。一到睡觉时间，就提醒自己，把那些还没完成的事情留到明天早起来做。你还可以做一些强制的干预，例如到了晚上11点，你就把手机和电脑关掉，放到另外一个房间，让它们远离你的视线，然后开始洗漱，之后坐在床上看几页书，或者闭目听听轻柔的音乐，相信睡意很快就会来了。

只要思维改变了，一切就好办了。你应该听说过："习惯决定性格，性格决定命运。"对于早睡早起这一件事，当你从刻意去做，慢慢过渡到成为习惯，你的人生就会发生大逆转，不妨试试吧！

3 解码偶像崇拜

——追星的是与非

what

　　小彤喜欢那位男明星已经很多年了，总是有意无意地说起他。她身边也有一群这样的女生，一聊起这位男明星就很兴奋，眼睛都会发光。

　　小彤的房间里贴满了这位男明星的海报，桌面上也放了几张他的照片。光他的画册和唱片，小彤就收藏了一大箱。对于网络上关于他的任何信息，如生日星座、兴趣爱好、身高体重、家庭情况等，小彤也都不会放过，了如指掌。妈妈总是暗自叹息，如果小彤用这个心思去学习，肯定就是学霸了。

有一次假期，小彤听说男明星要去某个城市开演唱会，她非要买机票去看他，为此跟父母闹了很久。妈妈说不过她，最后买了两张机票陪着她去看了一场演唱会。在妈妈眼里，这个吸引着她女儿的陌生人，除了唱歌确实好听外，也没什么过人之处。

她却就是喜欢他，喜欢站在台上星光璀璨的他，喜欢荧屏里各种扮相的他，就是喜欢，不容任何人说他半点不好。

每当妈妈劝小彤要理智时，小彤都会大发脾气，她对着妈妈吼道："他这么好，为什么喜欢他是不对的？"

why

很多青春期孩子的家长都会对孩子崇拜偶像感到反感，甚至会出面阻挠。正如小彤所疑惑的，那些偶像看起来这么"完美"，为什么不可以喜欢？

我想对你说的是，你当然可以喜欢他们，这么纯粹的喜欢是一件很美好的事情。只是喜欢偶像这件事本身，就是一把双刃剑，它到底是好事还是坏事，完全取决于你怎么去看待它，并且在此之后，会表现出什么样的状态。

所有行为的背后都是需求，如果你能从这些偶像身上寻找到自己的理想方向，作为人生前行的目标，那么这些正向的影响都会是你生命中的养分，喜欢偶像这件事就是一件好事。

可是，青春期孩子往往有着很强的盲从心理和情感需求，自控能力不高，对一些道听途说的事情缺乏分析力和判断力，所以会很容易在"追星"这件事里迷失了自我。可能他们喜欢上的并不是这个明星本人，而是这个明星身上的光环。他们站在台上，或英姿勃勃，或风流倜傥，或娇媚动人，或温婉贤淑，但无论是哪种形象，都必然或多或少被虚化包装过。你喜欢哪个形象的他，也都必然仅仅是你内心渴望的投射。你喜欢义薄云天、侠骨柔肠的他，是因为你对勇敢、正义、担当这些品质的崇尚；你喜欢绝代风华、才情万千的她，是因为拥有优雅、智慧等品质就是你的目标；你喜欢一呼百应，拥有着无数鲜花掌声的他，是因为你希望被认可，并且拥有领袖的能力；你喜欢风光靓丽、名声显赫的她，是因为你对荣誉和地位的向往……

孩子在青春期会进行自我意识的确定和完善，他们需要一个可见的具体人物形象来作为自我形象的追求目标，而戴着光环的明星是他们很好的选择。

所以，你可以问自己两个问题。第一，你到底喜欢这个明星什么呢？你的这个理由，正是你希望达成的人生状态。第二，你要达成这样的人生状态，只能通过对偶像的崇拜来实现，还是可以通过其他路径来真正地实现？

青春期的孩子迷上偶像，还有一个理由。这个时候的他们比以往任何时候都渴望群体的归属感，他们在一个有着共同爱好的群体中，会感到安全、稳定和安心。所以当身边的同学和朋友都喜欢上一个明星时，自己也要去喜欢他，以融入这个话题，所以暗自强迫自己对这个明星产生兴趣。这种兴趣并不是源自真心，仅仅是想在群体中找到相互认同和满足的感觉。同时，为了成为群体的焦点，其实是为了得到这个群体的关注，孩子们会想办法知道更多、拥有更多，不断购买明星海报等东西。

那么，你可以问自己三个问题。第一，你身边是否确实有这么一群人，与你一样，都喜欢着同一个明星？第二，如果你和他们喜欢的明星不一样，你确定你会受到排斥和不理解吗？第三，如果你因为这个问题被朋友拒绝在圈子之外，这些朋友还是你值得交往的朋友吗？

追星，还可能是为了寻求刺激，给平淡的生活增添一点不一样的味道。青春期的孩子学习压力沉重，每天基本上都是学校和家里两点一线，除了读书、作业等话题也似乎没有其他了，与父母的沟通也变成单一的询问学习的过程。所以追逐未知世界，追逐时髦和浪漫，对于孩子们来说，是调节生活的一种方式。

针对这种情况，你只需要问自己这样的问题，你追星

的过程是否理性，是否会影响到正常的生活？如果一切都
可理智对待，喜欢明星也未尝不可。

how

1. 发挥明星效应

　　如果你喜欢一个偶像，仅仅是表象的欣赏，欣赏他的
美丽帅气，欣赏他唱歌好听，那么，这都是过于肤浅的喜
欢，当新鲜感过后，喜欢的感觉就会减退。

　　如果你真的觉得你喜欢他，你更应该往内看。正如
上述所说，青春期的孩子崇拜偶像、模仿偶像，是因为把
偶像身上的光环看成了自己要追逐的梦想。

　　那么偶像人格中的美好的一面，就可以引领孩子们成
为更好的自己。也就是说，你可以把简单的崇拜转化为
上升的动力，让你喜欢的偶像真正成为榜样，对你的生命
起到积极的作用。

　　你可以搜索你喜欢的这个明星的正面信息，例如要
成为公众人物，必然要付出很多的努力，经过很多艰辛
的磨炼，那种坚毅就可以成为你学习的品质。又或者，
你的偶像成名的道路并不顺畅，他经历了无数失败，才
走到今天，那种不言弃的精神也是可以激励到你的。总
之，你可以去寻找偶像身上表现出来的优点，让这些优

点来影响你。

2. 确定追星的原则

　　无论是什么事情，只要超过了一个度都会变成坏事。青春期的孩子经济来源大都是父母。父母养育你，把最好的都留给了你，并不说明他们应该为你的偶像崇拜买单。所以你的追星必须在自己能力范围之内。

　　你可以去收藏明星的海报等东西，你也可以在父母同意的情况下去看明星的演唱会，但不能过量，不能给家里造成经济压力。我们要相信，只要你理智追星，父母是愿意给你一点帮助的。

　　另外，你现在还有繁重的学业任务，如果你因为沉迷偶像而让正常的学习生活受到了影响，那么你已经走偏了。你要及时看到这点，或者听听其他人的意见，回到正常的轨迹上来，避免因盲目冲动而犯下错误。

3. 明星不止一个

　　当你感觉到自己在崇拜偶像这件事上已经不可控，这就是停止的信号。你可以更多地拓展自己的视野，多参加社会活动，多看一点新闻和励志的书籍，等等。

　　这个世界，各行各业，都有自己的明星，即使在你身边，也一定有让你赞赏不已的人。所以，值得你崇拜的人，肯定不止一个，你要知道，如果你发现不了更多，那只是因为你目光狭隘而已。你再想想，虚化的光环和实质的光环，哪个更值得你去追随?

当你的世界在扩大，你就不会局限在某一个遥不可及的人身上。你应该相信，你的心是可以容下很多很多的人的。

解码性意识

——身体里的私密花语

what

小轩是一个初二的男生，最近对照镜子特别感兴趣，总是不自觉地拿出镜子，梳梳头发，整理一下发型，挤挤青春痘，或者只是对着自己的脸发呆。

他好像感觉到自己的身体有些什么微妙的变化，这些变化都难以说出口，可又让小轩充满了好奇。于是他上网去查关于这些事情的资料，网海茫茫，各方面的内容又非常之多，小轩竟一下子看入迷了。

一天，小轩的妈妈在帮他收拾房间时，发现了几本带有黄色性质的漫画，这让妈妈大吃一惊。之后几天，妈妈暗暗观察小轩，竟然看到小轩在手机上偷偷播放成人电影。

妈妈把小轩叫到面前，本来想说他几句，看到他低着头，像个偷了糖吃被发现的小孩，因为担心被骂而瑟瑟发抖，妈妈又不忍心。

这是不是表明身体和心理都出了什么毛病呢？就连小轩自己都这么认为。

why

美国的医学博士大卫·鲁本说过一句让人感到轻松的话："我们每个人都曾经经历过从阴茎到阴道的七寸之旅，我们也都曾经在母亲的子宫中生活过二百八十天，所以我们没有什么理由为我们曾经旅行和生活过的地方而感到困惑。"无论是男生还是女生，在关于性发育的话题上，都不应该感到羞耻，更不需回避，它是你成长过程中最自然、最强大的力量。

小轩，我们都应该为你庆贺，因为你已经长大了。有一些国家，父母会在女儿初潮或者儿子第一次遗精时，举办一个派对进行庆祝。父母会买来礼物和蛋糕，也会有仪式性的宣言。这让孩子们更容易接受身体上的各种变化。这不是什么难以启齿的事情，相反，每一点一滴的改变都是生命给予的礼物，这是积极的，值得被尊重的，是可欢喜的。所以你应该放心，你没有什么毛病，也没有做错什么。

你的身体为什么会出现这样的变化呢？这都归功于激素这个"幕后的操纵者"，当你到了青春期的性成熟期，你脑部神经系统的下丘脑就会向脑垂体发送一个"我已经准备好了"的信号，这时脑垂体会产生许多起到关键作用的激素，由此刺激各种激素的出现，你身体的性意识就开始萌发了。第二性征出现，身体形态和生理机能都会发生改变，你开始为成为成人做出准备。

男生的喉结会变大，声音变粗，毛发也在一些隐秘的地方蓬勃生长，胸肌在发育，同时肩部也开始变宽，生殖器在增长。女生的乳房开始隆起，月经初潮也会如约而至，身上的体味也加重了。诸如这些都说明了激素这位"操纵者"工作得不错。

其实，青春期的孩子不仅对自己的身体感到好奇，而且对成人内容的影视或书籍都很感兴趣。可是为什么很多孩子只敢偷偷地看，就像小轩一样，一旦被家长发现就会感到恐慌呢？

这些信息一直以来都被保守的人们视为对孩子有着毁灭性危害，他们认为着迷于这些内容的孩子都会慢慢变得堕落。

事实上，所有的事物都具有两面性。与其一方面在性的话题上保持沉默，一方面又希望在各个渠道获得性的知识，还不如以积极和坦然的态度正确对待这件事，这样你就能保证自己不会被这些海量的信息所误导，而是正确认识那些你要面对的私密的内容。

how

1. 关于色情，你必须要知道的

正如上述所说，你不应该遏制你的好奇，这是成长所必经历的阶段，所以，你并不需要为你的行为感到羞愧和自责。

与此同时，你也是可以理解父母的担心的，对吗？青春期孩子的认知力和自控力都比较弱，一旦无法辨认出错误的信息，确实容易走入歧途。

你应该对父母坦诚，并寻求他们的帮助。与父母一起筛选出正确的信息，并且由此提高自己的辨识能力。

那么，什么是正确的信息呢？

一味地沉溺于自己的幻想和冲动里，无法控制对欢愉的期待，这样肯定是不合适的，无论是青春期的孩子，还是成年人，出现这样的状况都必须引起注意。真正的性是接纳和给予，是尊重的，滋养的。根据这些积极的基调筛选出来的关于性的信息，你可以拿出来跟父母一起分享。

你已经有一定的思考力，如果你所看的内容是不符合道德的或者让你成瘾的，你就应该尽快接受父母或者老师的干预，这对于你的性教育来说是关键。

2. 换个角度，接受身体的变化

很多青春期的孩子明明知道这些变化是正常的，可还是感到尴尬和不能接受。

有个小男生，很讨厌自己的腿毛，不仅不敢穿短裤，而且越来越自卑。他常常用小刀片去刮自己的腿毛，却又没有注意消毒刀片，而让自己的腿受伤感染，最后只好在父母陪同下去了医院。

而又有一些男生，喜欢看欧美的电影，觉得里面男主角的体毛很能衬托出男性的气概，电影里的他们显得那么的有自信，令人崇拜。

还有些女孩羞于面对自己刚发育的胸部，所以会形成含胸的习惯，或者买束胸的衣服，这必然会影响她身体的发育。当然，也会有另外一部分的女孩，很欣赏女性这一独特的美丽，并以此为荣。

这说明了，青春期的身体发育本身并没有好坏之分，它是什么仅仅取决于你思考的角度。如果你对自己本身足够接纳，就不会产生这样的焦虑；要知道，其他人根本不会觉得你是异常的，很多同龄人也都与你有着同样的变化。

换个角度思考那些让你感到不舒服的事情，可能就会比较轻松地承认和接受了。

3. 塑造平等的价值观

青春期孩子对性的认知，不仅体现在对身体变化的看法上，更体现在他们的性价值观上。

很多家长和孩子不敢直接谈论性的话题，对性成熟感到羞涩，更有人诋毁性的存在，那都是因为在他们的价值观里，性是隐蔽的，或者是肮脏的。而又有一些人，依赖性来生活，在他们的价值观里，性是让人上瘾的东西。这些想法都会让青春期的成长出现偏差。

性的价值核心，应该是多元的、包容的、正面的。这些还体现在对性别的理解，对种族的理解等方面。

青春期的孩子应该知道，人是因性而生，生而平等。世界上没有哪个种族会比其他种族更加高贵，也不应该因为性别而逼迫人们按照角色预设而生存。男性就应该是力量型的吗，女性就必须温柔吗？男性有泪就不能轻弹吗，女性就应该矜持而依附于他人吗？你会渐渐明白，这些说法有多么的狭隘。

你可以去参加一些性教育的讲座，在开放的氛围中学习更多的性知识，而不是仅仅出于好奇让自己盲目地寻找答案。祝愿你顺利度过性发育期，成长为更完整、美好的人。

5 解码离家出走心态

——我要去流浪

what

在小军离家出走的第四天，心急如焚的爸爸接到了小军同学的电话。

原来小军把身上的钱全部花光，迫于无奈才想到要去找同学借钱。他不知道他离家出走的事已经惊动了所有认识他的人，不仅父母和派出所的民警到处找他，老师和同学们也在打探他的消息。

见到小军的时候，他已经一整天没吃东西了，满身邋遢地蹲在路边。

"为什么不回家啊？"妈妈一把抱住了小军，哭着问他。

"不敢回家，回家肯定又要被骂的。而且都出来好几天了，这样回去很没有面子。"小军小声嘀咕着。

事情的起因，是小军和他爸爸的一场争吵。爸爸看不惯小军沉迷游戏无心向学，一气之下抽起晾衣架打了他几下。小军满腹怨恨，第二天早上假装去上学，收拾了几件衣服和一些现金就离开了家，并留下一张纸条，上面写着："我再也不回来了，我要去流浪，不要找我。"

小军本以为一切就像电视上演的，他的"流浪生涯"会很潇洒，会认识很多哥们，也能见识很多有趣的事情。可是当他走出家门，才发现并不是他所想象的那样。他很快就把身上的现金都用完了，躲在天桥底下寸步难行。有人经过看到他可怜，会给他几块钱，他就靠着乞讨又过了两天。

后来想想，幸好没有遇到什么坏人，不然后果真是不堪设想啊。

why

也许每一个青少年都会有一个出走的梦，从此浪迹天涯，自由自在，既可以摆脱父母和老师的约束，又可以去看看外面精彩的世界。就像武侠小说里所描述的那样，沿途还能认识各方的英雄人物，说不定能闯出个名堂，回家时让父母对自己刮目相看。

这个梦那么不切实际，却让无数青春期的孩子向往不已。成年人都对此感到不解，外面风大雨大，人心难测，孩子们怎么敢只身外出呢?

可偏偏有调查显示，近年来青春期的孩子离家出走的现象越来越多，特别是中学阶段的孩子。那么，他们为什么选择出走呢?

当然，这肯定与青春期阶段的心理发展密不可分。我们把青春期称为"心理断乳期"，他们的内心充满着矛盾和冲突，一方面非常渴望独立，一方面又缺乏生活经验和独立的能力。他们有着很强的自尊，却又因此敏感而脆弱，如果这时候他们感觉到自尊被冒犯，或者其他的压力，他们往往会选择一些手段来表达不满，离家出走就是其中的一种方式。

这些孩子的出走原因也多有类似，很常见的一种是不堪过重的学业压力。孩子们的身上背负着许多人的期待，有些孩子会渐渐生出对学习的厌倦和恐惧，所以产生离家出走的念头，来逃避自己应尽的责任。另外还有孩子因为做错了事情，害怕受罚才出走的。这些都是属于逃避型的离家出走。

也有报复型的，多见于亲子关系比较紧张的家庭。

这些孩子在与父母产生了冲突后，心里感到愤恨，于是用离家出走的方式来报复父母。他们缺乏爱的感受，与家庭的亲密度也比较低，对身边的人有着很强的戒备心和敌意。这样的孩子即使回家了还是会有下一次的出走，直到他们心里的爱能充沛起来。

还有一种离家出走是因为从众的心态。青春期的孩子处在懵懵懂懂的阶段，比较意气用事，很多时候他们本身并没有什么坚定的是非观，容易受到外界的影响。"蛊惑"他们的不一定就是身边的人，也可能是媒体信息中所透露出的社会状况。孩子们怀着对未知的盲目向往，还有对道德规则的挑战，会选择盲从那些听到的或者看到的不良信息。

除了这些，青春期孩子的离家出走还有其他的原因，例如拜金心理或者人格异常。当然还会有原生家庭关系的问题，如父母有酗酒的坏习惯，或经常争吵，也会让孩子形成消极心态而离家出走。

无论是什么原因的出走，对于青春期的孩子来说，都是因为内在安全感的匮乏。在这种状态下，他们感觉到不被接纳，产生了紧张和恐惧，自我价值受到了挑战，所以才会选择这么一条冒险的路。

可是，你已经看到了，家门外的世界，是多么的艰难和危险。

how

1. 珍惜生命，是一切的前提

我们听过很多这样的真实故事，有一些青少年跟家人怄气出走，却在社会上遇到居心叵测的人。他们利用青少年容易冲动、讲义气、涉世不深、警惕性不高的特点，把离家的少年诱上犯罪的道路，让他们行骗、抢劫、吸毒，有的甚至失去宝贵的生命。

无论你的离家出走是个人原因，还是家庭或者社会的原因，你都要以自己的生命为重，在你还没有能力立足于外面的世界、没有能力分辨善恶黑白、没有能力把控好自己的方向时，你是无法在脱离父母和老师的情况下获得你想要的安全感的。

这些让人心疼的事例并不在少数，你也可以在网络上找到相关信息。我建议你在起了离家出走的念头的时候，先让自己停下来，即使你决定了非走不可，也要做好事前准备不是吗？你要对你出走后所要面临的处境非常清楚，不是吗？停下来，去网上搜索一下这些故事，去看看故事的结局，看有哪一个是如你想象的轻松和潇洒的。

请不要让不法分子有机可乘，请珍惜你的生命。

2. 交友要谨慎

很多孩子决定冒险出走，都是因为受到了损友的影响。

你正处于血气方刚的年龄，对同伴容易过分信任，稍有不慎就会造成不可挽回的悲剧。你以为那些所谓的"朋友"会成为你闯荡社会的依靠，你也以为你会得到很多无条件的支持，你以为总在训斥你的父母就是没有这些"朋友"们好。只有当你碰了壁，你才会发现那些让你踏上不归路的"朋友"的真正用心。

真正的朋友不会以任何方式伤害你，更不会把你劝上离家出走的道路。所以你务必明确你的交友原则和底线，树立是非的意识，也要学会拒绝。良好的友谊必然会让你更阳光，更向上，而非更痛苦。

3. 家，始终是你离不开的港湾

既然你已经知道离家出走的危害，也明白这样的冲动只会带来更多的问题，那么你需找到不离家的理由。

青春期的孩子自我感觉似乎什么都懂，却偏偏不懂得如何跟父母相处。也许你对你的父母有很多的埋怨，可你不能否认的是，几乎没有一个做父母的不爱自己的孩子，没有一个父母忍心让自己的孩子受苦。很多时候亲子关系的紧张是因为沟通不畅，各有各的道理，各有各的脾气。

请你尝试一下，放下所谓的面子，好好与父母沟通。

萨提亚心理流派有一种关于一致性的沟通方式，即承认你自己的真实感情，向对方表达你的想法。表里如一对于人们来说似乎很难，但是当你对自己的感受不做评判，并以积极开放的态度表达出来，情况可能会比你因为各种顾虑而忽略沟通要好。

当你确实感觉到学业压力时，或者当你对父母的责骂感到非常反感时，请对你的父母诚实地表达。其实如果你愿意走出这一步，你的父母也会感觉到放松，沟通才会得以顺利进行。

家，始终是你离不开的港湾。若你感受到这个港湾给予你的安全和温暖，你还会想着要逃离吗？

6 解码抽烟行为
—— 抽烟真的不酷

what

晋豪因为聚众抽烟而被学校处分了，爸爸妈妈来学校沟通情况时也表现得很无奈。

其实爸爸早就发现了晋豪抽烟的事。爸爸也有抽烟的习惯，前段时间因为家里的烟总会不知所踪，经调查后才知道了这件事。爸爸暴怒，打了晋豪一顿，可还是无法让晋豪戒烟。而且晋豪的烟瘾越来越严重，由原来的每天几支，到后面的每天半包，甚至更多。

晋豪抽的第一支烟是他的朋友给的，这些朋友是在球场上认识的，他们打完球后会约起来去小卖部喝汽水聊天。有一天，其中一个朋友递给了晋豪一支烟，他告诉晋豪只有那些"可怜的读书虫"才会害怕抽烟，抽烟的好处可多了，一口吸进，一口吐出，整个人都精神了，什么烦恼都会烟消云散。

抽烟的人看起来真的很酷，晋豪觉得。他还很好奇，为什么这么多人都会喜欢抽烟，抽烟到底是什么感觉？于是，他接过了朋友递的烟，从此越陷越深。

爸爸妈妈为了让晋豪戒烟，对他软硬兼施，打骂显然已经没有用了，就找来亲朋好友对晋豪进行劝说，把抽烟的危害逐一细数给他听，却还是不能说动他。

他们不知道，其实对于晋豪来说，抽烟并不好玩，每天提心吊胆不能让家长和老师知道，买烟还花掉了他所有的零花钱。可是这烟瘾似乎就是戒不掉，怎么办呢？

why

烟瘾来自哪里呢？是那些诱导你抽烟的"朋友"，还是来自烟本身的上瘾成分？我们必须清楚背后的原因，才能从根源上解决它。

青春期的孩子非常注重个体的独特性，希望表现出自身的与众不同，他们喜欢被评价为"桀骜不驯"，所以会故意去挑战规则，这种规则是否合理并不在他们的考虑范围内，即使明知道犯错也在所不惜。

他们要高调地去蔑视权威，从而蔑视权威所教导的一切。他们的逻辑是，他们是有能力在不遵循规则的情况下获得成功的。所以，他们会去嘲笑那些备受关注的好学生们，也会去做所有不被允许的事情，例如抽烟喝酒、在课堂上玩手机，或者染头发等。他们热衷于成为"问题少年"，而不愿接受任何劝导。

在青少年抽烟这个行为上，还有一个普遍的原因，这就是群体的认同。有人说，你要看一个青春期的孩子是否抽烟，你只需要看他的朋友是否抽烟就行了。

就像晋豪一样，置身于这样的一个群体中，抽烟成了他们建立友好关系的媒介。在这种社交方式下，他需要被认同和被接纳，需要在这个群体里获得一定的地位，所以只能迫于压力去附和。他不愿意拒绝这个群体里的一些共同特征。如果这个群体的人喜欢喝酒，那他就容易喝酒上瘾。如果这个群体的人常用暴力，那他就会经常打架。晋豪所在的这个群体喜欢抽烟，于是他难以对那支递过来的烟说"不"。这就是人们常说的"近朱者赤，近墨者黑"吧！

还有调查证明，父母有抽烟的习惯，也会影响到孩子。孩子们自小看着父母在云里雾里享受的表情，总是会好奇的，特别是青春期的孩子，他们内在的探险精神会让他们想亲身体验一下抽烟的感觉。大部分的父母也都会禁止孩子接触香烟，这更让孩子们觉得抽烟是成年人专属的事情。恰恰青春期的孩子就总想向外证明自己已经长大，表明自己与成年人无异，于是更拒绝不了抽烟了。

其实很多孩子抽第一口烟时，都会觉得难受。他们出于各种原因，硬着头皮把第一支烟抽完，也都会被呛到想吐。这是人体对烟草本能的排斥，但是慢慢地，当他们的身体适应并依赖上这种味道时，就会成瘾。

孩子们会发现抽烟能让自己的神经振奋，特别是在他们长时间联网打游戏的时候，需要靠着抽烟来提神，直到把自己的身体熬垮。还有一些孩子感受到了学习和生活的压力，靠抽烟来缓解紧张的情绪。他们都觉得自己有足够的意志力，不会上瘾，可是当他们想戒烟时，却发现自己在不抽烟的时间里容易犯困、感到空虚烦躁，甚至会有生理上的反应，例如恶心、失眠等，所以在不得已下又重新点燃了一支烟。

很多家长急于让孩子戒烟，像晋豪的父母那样想尽办法，无非也就在孩子的耳边反复唠叨抽烟对身体的危害。是的，家长会告诉孩子，那些可怕的尼古丁会让你心脏无法承受，可能引发冠状动脉痉挛、心肌梗死等，造成很多的心脏问题。抽烟还会引起许多脑部疾病，造成记忆力和智力衰退。许多烟民都患有喉疾、肺病和气管病，有的甚至罹患肺癌，这都与长期抽烟有关。

听到成年人对抽烟危害健康的宣讲，青春期的孩子可能会有一时半会儿的害怕，可当同伴们再次给他一支烟，并且告诉他不抽烟的人都是胆小鬼，那么这些孩子极有可能会抱着不管不顾的心态再次抽起来。

不过，晋豪，你对抽烟还是保有一定的理智的，你知道抽烟并不好玩，你也不愿意在提心吊胆中度过每一天，当然，你还要考虑那所剩无几的零花钱。那么，到底怎么做才能让戒烟奏效呢？

how

1. 选择不抽烟的社交圈

青春期的孩子受身边伙伴的影响非常大，家长和老师苦口婆心的一席劝告，还不如伙伴们的一句话，很多人屡屡戒烟不成功，原因也在此。既然一切无法受你所控，那么就让自己处于更为阳光和健康的群体吧。

你不必担心拒绝抽烟会让朋友远离你，因为明知道抽烟有诸多危害，还是无法理解你戒烟的行为，甚至不断怂恿你抽烟的朋友，断然不会是真心与你相交的挚友，那么他们的远离对于你来说也是一件幸事。

选择一个不抽烟的社交圈，在这个圈子里，抽烟反而会受到朋友的厌恶和鄙视，在这样的压力下，你的戒烟行动就会顺其自然。

或者在你的圈子里，找一些以前一起抽烟、现在同样想戒烟的朋友，跟他们一起抱团戒烟。基于共同的目标，集大家的力量来强化信念，相互鼓励，戒烟也会容易很多。

如果你的父母在抽烟，你可以想办法跟他们达成协议一起戒烟，利人利己，何乐而不为呢？

2. 逐渐减量戒烟法

这是很多成年人都会用的传统戒烟方法。根据你自己每天抽烟的量，逐步减少，一开始不必强求自己一下子戒掉或者减半。每天减少一两支，并及时给自己一些鼓励性的奖赏，可以慢慢地减弱烟瘾。

在这个过程中，有些人能感觉到，其实自己不是对烟草的味道上瘾，而只是嘴里不习惯空着。那么你可以买一些小零食，当你想抽烟的时候，就拿出来作为替代，例如咀嚼无糖分的口香糖就是一个不错的选择。

3. 运动和兴趣爱好辅助戒烟

运动可以让人感到惬意，是因为运动会让你的身体分泌出让人快乐的内啡肽，正好控制你戒烟时产生的空虚感。

你跑完步的时候，会觉得神清气爽，嗅觉也变得很灵敏，而尼古丁的味道就显得特别让人厌恶。

另外，你应该会有这样的体验，当你专注于某件事上，就会忘记自己抽烟的习惯，只有当你无所事事的时候，才会一支接着一支地抽。试想，你在紧张的期末考考场上奋笔答题，考试时间长达两三个小时，你根本不会想到中途要举手去厕所抽一支烟。同样，你在电影院被一部非常精彩的电影吸引住，也不会想着去抽烟。

培养一件让自己兴奋的兴趣爱好，像音乐或者画画，一旦专注于其中，你将不再需要手上的那一支烟了。